FUTURO ANTERIOR

REFLEXIONES FILOLÓGICAS
SOBRE EL FIN DE SIGLO

Mª CARMEN ÁFRICA VIDAL CLARAMONTE

FUTURO ANTERIOR
REFLEXIONES FILOLÓGICAS
SOBRE EL FIN DE SIGLO

PPU

Barcelona, 1994

12452744

Primera edición, 1994

© Mª Carmen África Vidal Claramonte

© PPU
   Promociones y Publicaciones Universitarias, S.A.
   Marqués de Campo Sagrado, 16. 08015 Barcelona
   Tfno. (93) 442.03.91   Fax (93) 442.14.01

ISBN: 84-477-0384-3
DL: L-839-1994

Imprime: Poblagràfic, S.L. Av. Estació s/n.
         La Pobla de Segur (Lleida)

PB
58
.V54
1994

*Para Román, mi guía
en este ajetreado fin de siglo*

AGRADECIMIENTO

La elaboración de este libro ha sido posible gracias a una ayuda concedida por el Ministerio de Cultura en noviembre de 1992 dentro del programa "Ayudas a la creación artística y literaria".

De ese día y de esa hora nadie sabe, ni aun los ángeles del cielo, ni el Hijo, sino sólo el Padre.

San Marcos

The art of letters will come to an end before A.D. 2000 ... I shall survive as a curiosity.

Ezra Pound

The *fin* is coming a little early this *siècle*.

Angela Carter

El futuro ya ha llegado, todo ha llegado ya, todo está ahí ... creo que no tenemos que esperar ni la realización de una utopía revolucionaria ni una catástrofe atómica ... Ya no hay nada que esperar ... Lo peor, el soñado Final sobre el que construía toda utopía, el esfuerzo metafísico de la historia y demás, el punto final, está ya tras de nosotros.

Jean Baudrillard

La cultura ha vivido de hacer grandilocuentes aspavientos ante los presagios nimios. Que un rey veía volar en círculo dos vencejos, ahí tenías al sabio conjeturando y transcendiendo. Los números, esos mojones que hemos inventado, sin éxito, para comprender la economía, el tiempo y nuestras cuentas corrientes, nos apresan mentirosos con su magia, nos tientan a la predicción, nos seducen con mistéricas promesas de cambios.

O si no, el guirigay aquel del primer milenio. Hemos aprendido, y esta vez con verdadero propósito de la enmienda, intentaremos trivializar flagelantes, prédicas y ensalmos. Esta vez, exceptuando algún profetilla anacrónico, las consejas serán razonables y vistosas ... y las simples moralejas de centurias y milenios serán ensalzadas, no por diabólicos monjes e iluminados, sino por agradables presentadores/as televisivos, amenos programas de audiencia vespertina, gacetilleros y articulistas osados y brillantes. Será un fin de siglo guapo, ya veréis.

...que nos cambien de siglo o de milenio es más convencional y arbitrario, aunque a pesar de todo esa ristra de nuevos ceros impresione y una, uno, piense que deba estar a la altura de la situación, guardar en la faltriquera algo de la efemérides que relatar a sus nietos, asumir con dignidad un porte histórico o precaverse de dar un mal traspiés en el umbral del futuro, o algo así ... hasta la Nochevieja del 1999, en la que a nadie se le va a ocurrir el brindis apropiado, hasta la primera mañana del 2000, cuando desencantados, con la resaca, comprobemos que no ha cambiado nada.

Rosa María Rodríguez

Índice

Génitron:
después de la posmodernidad

Podríamos decir sin temor a exagerar que el siglo XX ha sido, cuando menos, un siglo interesante. Desde la Modernidad, que supuso una revolución con respecto a las costumbres de la época precedente, hasta la Posmodernidad y su posterior defunción, pasando por dos guerras mundiales y otros muchos conflictos internacionales. Los mapas están continuamente desplazando y alterando sus fronteras. La cartografía es hoy inestable, confusa, incierta.

Mientras que la posmodernidad abogó, entre otras cosas, por un cómodo narcisismo, nos dejó también, como el mejor de los regalos, una tolerancia que, no obstante, se ha demostrado insuficiente. Frente a la obsesión por la homologación que reiteran las grandes potencias y organismos oficiales, nos damos cuenta de que dicha igualdad se reivindica sólo sobre el papel, que es más simulada que real, y que las diferencias surgen cada día, en la sociedad tardocapitalista, con más fuerza. El fin del siglo XX ha resultado ser escenario de conflictos de las "Otras" identidades: étnicas, culturales, sexuales, lingüísticas. Ya no es posible contestar con una estética posmoderna de la ambigüedad, sino que necesitamos respuestas claras y un renacimiento del Humanismo bien entendido, rescatando y fortaleciendo la tolerancia posmoderna pero alimentándola con un pensamiento foucaultiano del afuera. Desde un pensamiento "fuerte", alejado sin embargo –siguiendo a Rorty– de la filosofía "normal" habría de afirmarse la particularidad del margen en favor de una reinterpretación del modelo político, que significa en suma la relectura de los parámetros culturales y estéticos: ante la decadencia del fin de siglo, el artista, el escritor, el sociólogo, el filósofo, se ha dado cuenta de que ya ninguna obra, ninguna teoría, puede ser auto-

complaciente, sino más bien ha de responder a unas necesidades
vitales que, cada vez más, exigen derribar nuevos muros:

> Queramos que no, estamos abocados a una situación marca-
> da por un progresivo mestizaje, frente al que es necesario
> revisar nuestros muros conceptuales, nuestras fronteras psi-
> cológicas, las raíces del miedo y la violencia. No podemos
> ampararnos en una política de derechos, cuando éstos se han
> levantado sobre una gran sustracción o, al menos, sobre un
> gran olvido. Sólo una recuperación generosa de un concepto
> fuerte de humanidad nos puede situar en la perspectiva de
> una comprensión de lo humano, acorde con la situación que
> configura la escena de nuestra época[1].

La Posmodernidad planteó las preguntas pero no dio respuestas.
Y, con el paso del tiempo, a finales de los ochenta, acabó siendo
puro simulacro, pura estética, sin las bases que movieron a un
Olson o a un Whitehead, por citar sólo un par de nombres. La tan
traída y llevada muerte de las ideologías y el fin de la historia está
empezando a dar paso, quizá desde la caída del Muro, a un cambio
en las estructuras simbólicas que rigen el pensamiento, a un orden
más humano que hemos de ir construyendo no entrópicamente sino
con fuerza, para no correr el riesgo de ser meros espectadores, para
asegurarnos de incluir las exclusiones.

En el fin de siglo, nos acompaña la consciencia de la falta de
algo. No sabemos qué. Nos acompaña la sorpresa de la contradicción: el triunfo de las *top models* frente a la situación de Somalia, el
constante *hablar* de paz frente a la continuidad de las guerras. Nos
sabemos pura imagen, puro lenguaje. Los conceptos sobre los que
se construyó la Modernidad –la Razón, la Historia, la Coherencia,
el Progreso– ya no nos sirven, pero tampoco las simulaciones ni la
falta de ilusión ni las meras descripciones de la Posmodernidad.
Muchas de las Instituciones del *Establishment* se han declarado
igualmente inútiles, y ante eso el pensador declara la necesidad de
reinterpretar los objetivos de la cultura y la función del intelectual.
El proyecto crítico del fin de siglo debería recuperar la pasión por

---

[1] Francisco JARAUTA, "Presentación", *Tensiones del arte y la cultura en el fin de
siglo*, Francisco Jarauta (ed.), San Sebastián, Arteleku, 1993, p. 8.

las cosas, la crítica eficaz y a la vez tolerante con la diferencia frente a la indiferencia y el "todo vale" que acaba siendo una postura sistematizadora y despótica.

Félix Guattari habla de la necesidad de reescribir las entidades existenciales de nuestro tiempo. Este libro no pretende, no puede pretender, tal cosa. Pero sí intenta reconocer dicha necesidad a partir de una reflexión al menos parcial. Tras una breve comparación entre dos finales de siglo, el nuestro y el del siglo XIX (la correspondencia curiosa de cuestiones tales como la degeneración, según describió Max Nordau en un famoso libro el fin de siglo anterior, la sífilis/el sida, la construcción de la Torre Eiffel/la desconstrucción del Muro, etc.) el primer capítulo empieza reconociendo la influencia de ciertas características de la posmodernidad que recoge el fin de siglo: reivindico la tolerancia como el mejor de los legados posmodernos, pero también me fijo en las críticas de pensadores como Jameson, Steiner o Norris. Frente a la duda, la ambigüedad, la indiferencia y la incertidumbre posmodernas, prefiero la "caridad" de Lévinas o el "Otro" de Foucault.

El segundo capítulo habla de las instituciones educativas, sobre todo de la Universidad, y plantea la problemática de enseñar hoy a una generación que no sería capaz de convulsionar nada, una generación narcisista y hedonista a la que mayo del 68 le suena ya muy lejano. Aquí hay un auténtico reto para el intelectual que desee enseñar a pensar críticamente. Como posibilidad, el capítulo propone dos alternativas: la llamada post-pedagogía, que sigue las directrices del post-estructuralismo derrideano, y las reflexiones de Michel Foucault sobre la enseñanza y sus instituciones. En suma, lo que se plantea es que las aulas deben ser escenario de un pensamiento crítico, no destructivo pero tampoco conformista.

El tercer capítulo, a propósito del hipertexto y de los clones, dos novísimas formas de crear, reflexiona implícitamente sobre la relación del ser en su faceta más humana, la de la creación, con la posttecnología. Se trata de plantear hasta qué punto es ética y políticamente posible la disolución de la facultad de crear desde el *arché*, para sustituir éste por la *repetición*, en tanto que, curiosamente, ambos modos de "creación", de hombres y de textos, reemplazan la originalidad por la citación. Hasta qué punto la disolución del sujeto, del origen, de la originalidad, y el consiguiente fin de la historia lineal, no traen consigo la clonación como umbral para el renacimiento de lo Mismo (en el sentido foucaultiano del término) y consiguiente eliminación de toda identidad de lo diferente.

El cuarto capítulo es un comentario sobre el lenguaje, sobre el ser humano convertido en lenguaje a finales del milenio: partiendo de filósofos del lenguaje como Heidegger, Gadamer, Barthes, Blanchot, Benjamin o Jabès, y tomando ejemplos de novelistas tan distintos entre sí como Woolf, Barth, Barthelme, Torrente, Katz, Abish, Borges o Markson, se intenta demostrar el lado político del lenguaje del fin de siglo: el lenguaje como espectáculo, como simulación, como pura imagen. ¿Quién controla el lenguaje? ¿Qué importancia tiene saber quién habla? ¿Qué hay detrás del lenguaje? ¿Qué esconden los espacios entre las palabras?

El último capítulo describe con cierta dosis de ironía y cinismo las características que considero fundamentales de nuestro fin de siglo, a partir de las nuevas funciones que adquieren disciplinas como la filosofía y la ética, y en función de las reacciones que provocan fenómenos como el arte y su relación con el mercado y el consumo, la relación entre poder/saber y la post-tecnología, la moda como el triunfo de lo efímero, la nueva concepción del amor y del sexo, el olvido de la pasión y de la perversión, la reivindicación del espacio privado frente al espacio público, el triunfo del exceso neobarroco y el retorno de los fundamentalismos y de lo sagrado.

Nuestro fin de siglo es el de la liquidación por rebajas[2]. La historia sigue desarrollándose tras su muerte, como las uñas y el cabello de un cadáver. Pero no hay que dejarse seducir por el fin, sino ser capaces de empezar nuevos principios políticos, ideológicos, éticos, más allá de todo lo que perdimos.

[2] Cf. Jean BAUDRILLARD, *La ilusión del fin o la huelga de los acontecimientos*, Barcelona, Anagrama, 1993 (1992).

1. El fin como principio

Puede resultar casi un tópico decir que la sociedad occidental ha cambiado mucho durante la segunda mitad del siglo XX. No obstante, y a pesar de que todos somos en alguna medida conscientes de dichos cambios, las reacciones ante esas transformaciones han sido, obviamente, muy variadas, dando lugar a etiquetas variopintas con las que todavía estamos intentando explicar (conscientes por otra parte de la falta de distancia histórica) nuestro fin de milenio: aldea global, sociedad de consumo, de los *media*, de la segunda y tercera olas[1], sobremodernidad[2], sociedad post-todo[3], y más recientemente, neo-barroca[4], neo-gótica, apocalíptica, decadente, del exceso dionisíaco o tardo-romántica[5]. Sin embargo, la etiqueta es lo de menos. En realidad, lo que me interesa es escudriñar una serie de rasgos comunes de los que participan muchos pensadores a la hora

---

[1] Alvin TOFFLER, *Powershift*, New York, Bantam Books, 1990.

[2] Cf. Marc AUGÉ, *Los "no lugares", espacios del anonimato. Una antropología de la sobremodernidad*, Barcelona, Gedisa, 1993.

[3] En *The Coming of Post-Industrial Society* (New York, Basic Books, 1973) y *The Cultural Contradictions of Capitalism* (New York, Basic Books, 1976), Daniel Bell describe la sociedad contemporánea como post-capitalista, post-cristiana, post-liberal, post-industrial, post-marxista, post-protestante. Otros pensadores han añadido muchos más *post-*: postminimalismo (P. Witten), postcognoscitivismo (J. Collins), postfuncionalismo (P. Eisenmann), postmedievalismo (B. Stern), "posthumanista, postmasculino, postblanco, postheroico, postjudío" (L. Fiedler).

[4] Cf. Omar CALABRESE, *La era neobarroca*, Madrid, Cátedra, 1989.

[5] Cf. Patricia WAUGH, *Practising Postmodernism. Reading Modernism*, London, Arnold, 1992.

de describir un fin de siglo que se presenta plural, heterogéneo, transnacional, "democrático".

Precisamente por eso, por la propia naturaleza múltiple del tiempo en el que vivimos, sería casi herético dar una definición del ahora tan en boga fin de milenio[6], el cual significa cosas diferentes para personas diferentes. A pesar de que no hay ni puede haber consenso, sí se pueden sugerir líneas de actuación y principios que pueden servirnos de orientación. Sea como fuere, lo importante es que, nos guste o no, todos vivimos en un tiempo que huele a final, y precisamente por eso creo, en contra de lo que opina Dario Fo[7], que no podemos permitirnos el lujo de ignorar sus características como una simple moda. Se dialoga con un tiempo que alberga algunas de las preocupaciones y afanes de la cultura y sociedad actuales. Analizar el fin de siglo equivale a escudriñar una nueva ontología –lo que nos interesa es una transformación del (fundamento) del ser como tal[8]– que parte de una tradición filosófica iniciada por pensadores como Nietzsche, Bataille, Artaud, y de reflexiones post-fenomenológicas como las de Heidegger, Derrida o Lacan. De todas formas, tampoco sería recomendable pensar que esa "nueva" ontología es única y exclusivamente nuestra. En realidad, los fines de siglo, aun teniendo características propias, se parecen. Por ejemplo, el final del siglo XIX y del nuestro comparten una cierta sensación de cri-

---

[6] La preocupación por este sentimiento *fin-de-siècle* queda patente en las muchas publicaciones relacionadas con esta cuestión: libros de filosofía, sociología, literatura y arte sobre el fin de siglo anterior y el presente, publicaciones periódicas que le dedican números especiales, como *Letra Internacional* (27), *Revista de Occidente* (abril-junio, núm. 1, 1980), *Creación* (5); o publicaciones cuyo título mismo aluden al fenómeno: *Fin de siglo. Periódico literario* (Cádiz, JLR Ediciones); *El País* ofrece una sección los domingos que se llama "Tendencias del fin de siglo"; en 1993 ha habido un programa de televisión llamado "Millenium"; antologías poéticas (*Fin de siglo. El sesgo clásico de la última poesía española*, editada por Luis Antonio de Villena); o congresos y seminarios sobre esta cuestión (por ejemplo "The End", organizado en marzo de 1993 por el Departament de Filologia Anglesa i Alemanya de la Universitat de Barcelona). Hay incluso un cava gallego de marca "Fin de siglo".

[7] Anders STEPHANSON y Daniela SALVIONI, "A Short Interview with Dario Fo", *Social Text* 16, Winter 1986-87, p. 167.

[8] Cf. Gianni VATTIMO, "Ontología de la actualidad", *Letra Internacional*, núm. 26, 1992, p. 34.

sis, apocalipsis, decadencia[9], degeneración (el título del famoso libro que el austríaco Max Nordau publicó en 1892). Comparten las revoluciones, como la de las mujeres y la de los *gay* (el juicio contra Oscar Wilde en 1895 frente a la labor emprendida por el grupo ACT UP en nuestro fin de siglo); las epidemias (sífilis, sida); la violencia y la inseguridad (Jack el Destripador en 1888 y, a finales de nuestra era, desapariciones y violaciones de niñas, niños-asesinos, cabezas rapadas, terrorismo). Instintos básicos. Declive de Occidente. *Fin-de-siècle* (la expresión que acuñaron los franceses en la década de 1880) o "Endism" (según se prefiere llamar a esa sensación en nuestro fin de siglo). Existe, para decirlo con Kermode, el sentido de un final; el "sentido del apocalipsis" (Sontag); la sensación de ser, al final de la Historia, "deep historical pessimists" (Fukuyama). Es esa sensación de que algo se acaba la que nos transmite el Génitron, el reloj del Centro Pompidou que nos informa de los segundos que le quedan de vida al siglo XX.

El debate en torno a nuestro fin de siglo se centra en figuras que de un modo u otro también fueron protagonistas de la llamada posmodernidad: François Lyotard, Gilles Deleuze, Jacques Derrida, Jean Baudrillard, Peter Sloterdijk, Jürgen Habermas, Fredric Jameson, Hal Foster, Richard Rorty, Gianni Vattimo, Omar Calabrese o Umberto Eco. Pero éstos son sólo unos pocos nombres. En general, el pensador de la segunda mitad del siglo XX opta por una actitud irónica que lo deja todo en suspenso (la "suspensive irony" a la que hace referencia Alan Wilde[10]): siente la necesidad de cuestionar y dar por perdido (y por bien perdido, asegura Rorty en *Consequences of Pragmatism*) lo que, desde la Ilustración y hasta hace bien poco, habían sido los grandes ideales de la sociedad: la tradición cartesiana, el progreso, la teleología, y las consiguientes categorías

---

[9] Cf. Elaine SHOWALTER, "Decadence, Homosexuality, and Feminism", *Sexual Anarchy. Gender and Culture at the Fin de Siècle*, New York, Viking Penguin, 1990, pp. 169-187. También Fátima GUTIÉRREZ, "Mitologías `fin de siglo': el decadentismo", en Gabriel OLIVER *et al.* (coords.), *Romanticismo y fin de siglo*, Barcelona, PPU, 1992, pp. 171-178.

[10] Alan WILDE, *Horizons of Assent: Modernism, Postmodernism, and the Ironic Imagination*, Baltimore, MD and London, The Johns Hopkins University Press, 1981.

que todo ello traía consigo –Historia lineal, coherencia, unidad, creencia en el *yo*–[11]. Ya Charles Olson, a finales de los años cincuenta,
empezaba a escribir una poesía "proyectiva", alejada de cualquier
tipo de totalitarismo o antropocentrismo e impregnada de la "concrescencia" whiteheadiana o del heideggeriano "ser-en-el-mundo".
John Barth se refería a la muerte de la novela y Leslie Fiedler a un
nuevo arte que construyese un puente entre la cultura elitista del
modernismo y la cultura de masas[12]. La actitud del fin de milenio
podría ser así, la respuesta contemporánea a la estética "negativa"
que Adorno relaciona con el modernismo. De ese modo, nuestro fin
de siglo configura una nueva ética: abandona toda pretensión de
universalismo, y del "intelectual universal" pasa al foucaultiano

---

[11] En cambio, el comienzo de siglo se identificó, según comenta Weber en la
introducción a sus *Ensayos sobre sociología de la religión*, con un proceso de racio-
nalización que triunfó en todos los ámbitos de actuación y del saber humanos y que
generó una ética protestante y el consiguiente establecimiento del espíritu capitalista.
Como dijo Virginia Woolf, alrededor de 1910 algo cambia en la naturaleza humana:
en los primeros años del siglo, durante el modernismo, el hombre intenta seguir creyendo en la Razón, en la coherencia de la vida, en el progreso y en la Historia lineal.
A partir de la Primera Guerra Mundial, empero, todo empieza a desmoronarse, y es
precisamente el artista quien expresará de un modo más desagarrador ese sentimiento de angustia: los gritos de ansiedad se suceden. "I cannot make it cohere!"
(Pound); "I can connect/Nothing with nothing" (Eliot). En la posmodernidad, la
situación será, si cabe, peor: dos Guerras Mundiales y continuos conflictos internacionales que no cesan. Pero la actitud del ser humano va a cambiar radicalmente (y
ésa es la gran diferencia respecto al movimiento moderno). En vez de desesperación
ante la fragmentación del *yo*, ante la incoherencia de la existencia cotidiana o la falta
de paralelismo entre progreso tecnológico y ético, el hombre del fin de siglo siente
indiferencia: acepta de buena gana la fragmentación, la superficialidad, el descentramiento. Por el contrario, el modernismo elige el proyecto de Greenberg y los *Grand
Récits*. Sigue creyendo en la centralidad de lo estético, en la tesis de Schelling del
arte como órgano de la filosofía. Sigue creyendo en el sueño flaubertiano del arte sin
ataduras externas, en el "silencioso éxtasis del placer estético" del que habla Joyce.
Busca, como Virginia Woolf en *To the Lighthouse*, "descansar sobre una plataforma
estable", como respuesta del artista a esa "incertidumbre del vacío" patente en el
Ulysses de Joyce. Como dice Henri Lefevre, el creador modernista intenta construir
un mundo ficticio aceptable en un mundo real inaceptable.

[12] Cf. especialmente Charles OLSON, *Casual Mythology* (San Francisco, 1969);
John BARTH, "The Literature of Replenishment" (*The Atlantic*, 1980, pp. 65-71);
Leslie FIEDLER, "Cross the Border -Close that Gap: Postmodernism" (*Sphere History
of Literature*, 9, Marcus Cunliffe, ed., London, 1975).

"intelectual específico"; o, parafraseando a Bauman[13], el intelectual deja de ser un legislador para convertirse en mero intérprete: ya no es el búho de Minerva, que ve la totalidad, sino que participa de la "filosofía de los gorriones" que propugna Sloterdijk[14].

La cuestión de la *identidad* es, pues, crucial: el *yo* deja de ser centro y fuente de conocimiento y de verdad absoluta; es incapaz de ofrecer resistencia; es un sujeto "consumido"[15]; el ser es un evento, y no una estructura; es un *Dasein* sin fundamento en un mundo de fábula. El sujeto monádico se disuelve, y las filosofías centradas en la consciencia se sustituyen por "la política del deseo" normalmente asociada al *Anti-Edipo* de Deleuze y Guattari, rechazando así el ideal kantiano de un sujeto unitario y racional en favor de la multiplicidad; el péndulo de Galileo en favor del péndulo errático de Lorenz. *Mneme*, la memoria que clasifica, en favor de *anamnesis*, la memoria que busca descubrir.

Por un lado, esta actitud es positiva en tanto lleva a la tolerancia; por otro, la falta de direccionalidad, de guías y principios, crea una atmósfera del "todo vale" que puede llegar a ser muy peligrosa.

[13] Cf. Zygmunt BAUMAN, *Legislators and Interpreters. On Modernity, Postmodernity and Intellectuals*, Ithaca, New York, Cornell University Press, 1987.

[14] La función del intelectual contemporáneo es plantear preguntas, no dar respuestas: "Nuestros ilustres padres –los patriarcas–, no encontraron nada que explicar, buscaron en su corazón la manera de explicar este misterio y no encontraron ninguna expresión más adecuada para lo inexplicable que la explicación misma. La única manera –argumentaron– para explicar que no hay nada que explicar es dar explicaciones. Cualquier otra conducta, incluido el silencio, coge lo inexplicable con manos demasiado torpes: sólo las explicaciones lo dejan intacto ... En realidad, inexplicables eran solamente las explicaciones, y para explicarlas se inventó la leyenda. Aquello que no debía ser explicado queda perfectamente contenido en aquello que ya no explica nada" (Giorgio Agamben, *Idea de la prosa*, Barcelona, Península, 1989, pp. 123-124). La filosofía, según plantea por ejemplo Eugenio Trías en varios libros –entre ellos *La filosofía y su sombra*, *Metodología del pensamiento mágico* y *La dispersión*–, no puede ser nunca un pensamiento conclusivo, en tanto las "metafísicas fuertes" derivan siembre de/en un pensamiento dogmático. Algo parecido señalan, desde perspectivas diferentes y salvando las distancias, otros filósofos como Javier Muguerza, especialmente en su excelente libro *Desde la perplejidad*, al que me referiré más adelante.

[15] Gianni VATTIMO, "El consumidor consumido", *El sujeto europeo*, Josefina Casado y Pinar Agudíez (comps.), Madrid, Editorial Pablo Iglesias, 1992, p. 35.

El fin como principio

En cualquier caso, esta tolerancia bien entendida llevará a la inclusión de la diferencia: el fin de siglo parece capaz de acoger en su seno (sin ánimo redentor) todo lo que no es central ni dominante: razas, clases, identidades y nacionalidades ajenas al poder central. (Está de moda la solidaridad. Florece el neo-caritarismo). Así, según Vattimo, gracias a esa tolerancia se evitarían los grandes conflictos de nuestro siglo, pues, como dice Hannah Arendt, éstos no han sido sino guerras entre visiones del mundo diferentes. Se aceptarían así las múltiples interpretaciones de los hechos, que coexistirían pacífica, dialógicamente[16], creando ese sujeto débil "una relación más amigable con la existencia"[17]. En sus mejores manifestaciones, la actitud *fin-de-siècle* sería la que nos habla de lo cotidiano[18], del ahora, de las huellas que han dejado en nosotros, no la Historia con mayúsculas, sino una "pluralidad de discursos" (Foucault), "nubes de narrativas" (Lyotard), historias minúsculas y dispersas que preguntan cómo se puede seguir creyendo en el paralelismo entre progreso ético y técnico, en la linealidad, en la teleología; son historias que preguntan de qué ha servido la Razón[19] (y

---

[16]   Un ejemplo podrían ser las siguientes palabras del narrador de *Shame*, de Salman Rushdie: "I myself manage to hold large numbers of wholly irreconcilable views simultaneously, without the least difficulty. I do not think others are less versatile" (London, Picador, 1983, p. 227).

[17]   Gianni VATTIMO, "El consumidor consumido", *El sujeto europeo*, p. 46.

[18]   La mente del artista estaría, pues, lejos de la que describiera T.S. Eliot en 1921, en un fragmento de un ensayo, hoy conocido por todos, donde explicaba que la mente del poeta es aquella capaz de amalgamar la experiencia: mientras que las experiencias del hombre corriente son caóticas, irregulares y fragmentadas –nos enamoramos, leemos a Spinoza o nos deleitamos con los olores del almuerzo procedentes de la cocina– las del artista, en cambio, son unitarias, en tanto su objetivo habrá de ser el de configurar un todo homogéneo a partir de esas experiencias.

[19]   "En el nombre de la civilización, la Europa moderna ha colonizado a sangre y fuego países a los que, hoy en día emancipados, le encantan los procedimientos sangrientos y cruelmente agudos. Bajo la enseña de mejores mundos se perfeccionó el campo de concentración, se inauguró la práctica razonada y metódica del genocidio, por motivos tan etéreos crecen y se multiplican los *bricolages* terroristas. Si la humanidad, en definitiva, consigue borrarse del mapa, será gracias a reivindicar el Hombre, un Hombre ideal, cuya esencia perfecta y pura no tolera la existencia grosera" (André GLUCKSMANN, *El undécimo mandamiento. ¿Es posible ser moral?*, Barcelo-

nás concretamente la razón instrumental, cuyo único objetivo es la eficacia) y otros grandes ideales ilustrados para poner fin a las guerras y a los continuos conflictos internacionales que se suceden en nuestro fin de milenio[20]. En este sentido, una postura acertada es, en mi opinión, la de Lévinas, quien, tras analizar los peligros de la civilización de la Razón y de la Universalización (que él equipara a colonización, materialismo y desprecio del hombre)[21], aboga por el

na, Península, 1993, pp. 9-10). "Y la Razón, por fin, irá a unirse con todos aquellos monstruos abstractos como la Obligación, la Obediencia, la Moralidad, la Verdad y sus predecesores más concretos, los Dioses, que se emplearon en otro tiempo para intimidar al hombre y limitar su desarrollo libre y feliz: se marchita" (Paul FEYERA-BEND, *Tratado contra el método*, Madrid, Tecnos, 1986, p. 167).

20 "La barbarie prevaleció en la tierra misma del humanismo cristiano, de la cultura renacentista y del racionalismo clásico. Sabemos que algunos de los hombres que concibieron y administraron Auschwitz había sido educados para leer a Shakespeare y a Goethe, y que no dejaron de leerlos". Según Steiner, este hecho es de alarmante importancia, porque nos obliga a preguntarnos "si el conocimiento de lo mejor que se ha dicho y pensado amplía y depura, como sostenía Matthew Arnold, los recursos del espíritu humano. Nos fuerza a interrogarnos acerca de si lo que el doctor Leavis ha denominado 'lo fundamental humano' logra, en efecto, educar para la acción humana, o si no existen, entre el orden de conciencia moral desarrollada en el estudio de la literatura y el que se requiere para la práctica social y política, una brecha o un antagonismo vastos. Esta última posibilidad es particularmente inquietante. Hay ciertos indicios de que una adhesión metódica, persistente, a la vida de la palabra impresa, una capacidad para identificarse profunda y críticamente con personajes o sentimientos imaginarios, frena la inmediatez, el lado conflictivo de las circunstancias reales" (George STEINER, "Humanismo y saber literario", en *Lenguaje y silencio. Ensayos sobre la literatura, el lenguaje y lo inhumano*, Barcelona, Gedisa, 1990, pp. 25-26). Steiner insiste, pues, en que los supuestos de la cultura humanista que eran evidentes para Johnson, Coleridge o Arnold, están hoy en duda, y considera que sería lamentable calificar de exótica o subversiva la formulación de la pregunta antes mencionada: la nuestra, dice, "no es una época corriente. Se esfuerza bajo la tensión de lo inhumano, experimentada en una escala de magnitud y de horror singulares; y no está lejos la posibilidad de la catástrofe. Sería extraordinario permitirse el lujo de guardar distancias, pero es imposible" (*Ibid.*, p. 31). Véase también su libro *En el castillo de Barba Azul. Aproximación a un nuevo concepto de cultura*, Barcelona, Gedisa, 1992, especialmente pp. 45ss, donde además reflexiona sobre lo que él llama la "poscultura". A propósito de Auschwitz y su relación con la cultura, *vide* la última sección de la *Dialéctica negativa* de Theodor Adorno, titulada "Meditación sobre la metafísica" (Madrid, Taurus, 1986 –1966–, pp. 361-405).

21 "Mala conciencia tras varios milenios bajo el imperio de la razón gloriosa, de la razón triunfante del saber, pero igualmente después de milenios de luchas fratrici-

des-inter-essamiento y por la subordinación de la idea de la justicia
y del Estado a la idea de caridad.

Pero, en sus peores manifestaciones, la ética *fin-de-siècle* susti-
tuye el principio de la necesidad por el principio del placer[22]; "la
nueva era individualista ... favorece la emergencia de las creencias
más delirantes, el resurgimiento del esoterismo y da lugar a com-
portamientos descontrolados e irracionales. La era del neonarcisis-
mo ... ha visto nacer a los *hooligans*, la toxicomanía, el terrorismo
de las minorías nacionales, las sectas, los nuevos tipos de criminali-
dad urbana: ha facilitado la desculpabilización del racismo y ha
favorecido la implantación, limitada pero real, de la extrema derecha en algunos países europeos. Por una parte se están desarrollando el individualismo liberal, la tolerancia de la mayoría en materia
de estilos de vida ... Y por otra proliferan nuevas formas de agresi-
vidad, de intolerancia y de sectarismo entre las minorías más o
menos fuertes, más o menos marginales. Todos estos fenómenos
son los efectos ineluctables de una sociedad abierta en la que la
socialización autoritario-tradicional-religiosa ha dejado paso a una
socialización hedonista y fundada en la comunicación ... es imposible no percibir que esta mayor autonomía de los sujetos conlleva
una mayor fragilidad de los individuos, un sentimiento cada vez
más generalizado de estrés, de soledad, de la dificultad de vivir y de
comunicarse"[23]. El fin de siglo es así el reflejo de una era que
"pasa" de todo al saberse espejo del fin de todo: del fin de la literatura, del arte, de la historia, de la lucha de clases, del falo(go)cen-
trismo, de la filosofía, de Dios, del hombre, de la moral, de Occi-

---

das, políticas pero sangrientas, de imperialismo tomado por universalidad, de desprecio humano y de explotación; incluso en nuestro siglo, dos guerras mundiales, la
opresión, los genocidios, el Holocausto, el terrorismo, el paro, la miseria cada día
mayor del Tercer Mundo, las despiadadas doctrinas del fascismo y del nacionalso-
cialismo, hasta la suprema paradoja de la defensa de la persona que degenera en
estalinismo. Podemos preguntarnos si la razón ha convencido, efectivamente, a las
voluntades" (Emmanuel Lévinas, "La ética", en *El sujeto europeo*, p. 5).

[22] Cf. José Luis Aranguren, "Etica de la penuria", *Revista de Occidente*, núm.
1, abril-junio 1980, p. 71.

[23] Gilles Lipovestky, "La revolución de la autonomía", en *El sujeto europeo*,
p. 55.

dente, *Abendland, Apocalypse Now*[24]. Esta situación se convierte, como diría Jameson, en el mejor espejo de la sociedad de la tercera ola, la sociedad de consumo, esquizofrénica, competitiva; sociedad de la imagen en la que lo único que cuenta es el *look*. Según esta versión, el fin de siglo siente fascinación por lo *kitsch*, por las series televisivas, por los culebrones, por la publicidad, por lo "último". Es una toma de postura implícita o explícitamente política sobre la naturaleza del capitalismo contemporáneo: así, la producción estética y cultural se integra perfectamente en la economía de mercado, y la producción artística e intelectual se convierte en un producto de consumo más[25]. Siguiendo a Jameson, podríamos decir que las manifestaciones sociales, culturales y artísticas de los últimos años se caracterizan, en muchos casos, por la experiencia esquizofrénica (que es, según este pensador marxista, una experiencia de significantes aislados y discontinuos que son incapaces de encadenarse en una secuencia coherente), la superficialidad, el consiguiente debilitamiento de la historicidad, los nuevos valores anti-humanistas y contrarios a la metafísica de la presencia y a los "Grandes Relatos", las nuevas formas de la emoción y los sentimientos (un subsuelo que Jameson denomina "intensidades") y las relaciones de todo ello con las tecnologías de la sociedad post-industrial. Como consecuencia, toda esta cultura "que podríamos llamar estadounidense, es la expresión interna y superestructural de toda una nueva ola de dominación militar y económica norteamericana de dimensiones mun-

---

24 Jacques Derrida aborda esta cuestión con un cierto toque irónico en "Of an Apocalyptic Tone in Recent Philosophy", *Oxford Literary Review*, 6, 1984. Desde una perspectiva más baudrillardiana, Arthur y Marilouise Kroker describen la era posmoderna como "A dead space which will be marked by increasing and random outbursts of political violence, schizoid behaviour and the implosion of all signs of communication, as Western culture runs down toward the brilliant illumination of a final burnt out" (*Body Invaders: Sexuality and the Postmodern Condition*, London, Macmillan, 1988, p. xvii).

25 Sirva como ejemplo una conversación "literaria" entre dos escritores que aparece en la última novela de Malcolm Bradbury: "'My agent said fifty thousand but I told him ask for double, and he did'; 'I said to Mailer, Mailer, I said, screw you'; 'It had great reviews, but no sales, next time I try for the other way round' (*Doctor Criminale*, London, Secker and Warburg, 1992, p. 141).

diales: en este sentido, como en toda la historia de las clases sociales, el trasfondo de la cultura lo constituyen la sangre, la tortura, la muerte y el horror"[26].

Jameson no cree, por tanto, en la posibilidad de que exista en los últimos años del siglo un arte que sea a su vez político. Esta opinión es fácil de entender si pensamos en un Jeff Koons (por poner un ejemplo íntimamente relacionado con el aparato mercantil[27]), pero habría que tener en cuenta también opiniones como las de Ferenc Fehér, Agnes Heller o Linda Hutcheon, según las cuales además de esa vertiente superficial hay otra, ya mencionada, por la que estas actitudes tolerantes del fin de siglo contribuyen a incluir a todos aquellos grupos marginales que por razones de raza, creencias o género se encuentran alienados. Así, nuestro fin de milenio "se basa en una pluralidad de espacios y temporalidades. Es una red de intermundia heterogéneos y no una era o un movimiento homogéneo, y mucho menos es un estilo (de vida o artístico) único". Es un tiempo "políticamente minimalista y un destructor de la política redentora ... Detrás de la destrucción ... de la política redentora se halla un simple pero convincente mensaje. Nuestro mundo ... es profundamente problemático. Es también un mundo en el que podemos permanecer y encontrar alguna gratificación. Tiene que ser revelado como defectuoso día a día. Pero si se destruye más allá de un cierto punto, tras la destotalización puede surgir una nueva totalización: la pérdida total de libertad o la destrucción definitiva"[28]. Es decir, que, según se señaló, a mi modo de ver la tolerancia tiene su lado bueno si se mantiene dentro de unos límites. Si deriva en el "todo vale", el no-sistema acaba dando paso a la ilusión estereoscópica, a un tropel de imágenes sin profundidad, a esa superficialidad, tan denostada por Jameson, que es en realidad otra "Gran Narrati-

---

[26] Fredric JAMESON, *La lógica cultural del capitalismo avanzado*, Barcelona, Paidós, 1991, p. 19.

[27] *Vide The Jeff Koons Handbook*, London, Thames and Hudson y Anthony d'Offay Gallery, 1992.

[28] Ferenc FEHÉR, "La condición de la postmodernidad", en Agnes Heller y Ferenc Fehér, *Políticas de la postmodernidad. Ensayos de crítica cultural*, Barcelona, Península, 1989, pp. 9 y 23.

va", un sistema, tan dogmático como el que más[29]. La pescadilla se muerde la cola: como el aprendiz de brujo de Goethe, ayer comenzamos algo que hoy no podemos detener[30].

Como ya se ha apuntado, Lyotard y Vattimo, al contrario que Jameson, son defensores a ultranza de esas actitudes generalizadas tan típicas del fin de siglo. Tomando como punto de partida a Nietzsche, cierto sector de la *intelligentsia* cree que la única manera de enfrentarse hoy a los tiempos que corren es aceptando la disolución de la Verdad con mayúsculas y en general de los valores humanistas de la metafísica tradicional[31]. Frente a la profundidad,

---

[29] Precisamente, Linda Hutcheon acusa a Lyotard de algo similar: *vide A Poetics of Postmodernism: History, Theory, Fiction*, New York and London, Routledge, 1988, p. 198.

[30] "...la diversidad de visiones del mundo, filosofías, metafísicas y fes religiosas, no impide la aparición de un *ethos* común, a menos que una de las visiones del mundo determine por completo los mandamientos y las prohibiciones, y que lo haga no sólo para sus propios seguidores sino también con una aspiración universalizante ... Si prevalecen tanto la autonomía moral como el pluralismo en visiones del mundo, *no todo* está permitido ... ya que ciertas acciones siguen estando prohibidas para todos, dado que todos son capaces de distinguir el bien del mal en términos del *ethos* común. Además, lo que está permitido para todos en el espíritu del *ethos* común puede seguir prohibido en el marco de uno u otro universo moral, concreto y libremente elegido, por mandamiento de su intrínseca aunque no universal autoridad moral ... yo rechazo definitivamente la tesis de que 'todo vale'. Yo sólo quiero hacer una débil formulación del mundo moral común: muchas cosas van juntas, pero no todas" (Agnes HELLER, "La situación moral en la modernidad", en *Políticas de la postmodernidad*, pp. 33-35).

[31] Una visión irónica de esta situación la volvemos a encontrar en Bradbury: el Doctor Criminale queda descrito como el pensador típico del fin de siglo, aquél cuya vida es "a chaotic mixture of tolerance, permissiveness, pragmatism, moral uncertainty, global anxiety and ... deconstructive scepticism". He lives "in the age of historyless history, the time after the great meta-narratives" (p. 283). Es el Doctor Criminale quien mejor expresa "the problematics of contemporary thought, the collapse of subjectivity, the crisis of writing, the self-erasure and near-silence of the era after humanism" (p. 337). Y el narrador de la novela también señala que vive en "the age of literary confusion, of fast-food outlets and microwave ovens, of temporariness not permanence, journey not arrival" (p. 10). "It was the Age of Deconstruction ... Junior interrogators, literary commissars, we deconstructed everything: author, text, reader, language, discourse, life itself. No task was too small, no piece of writing bellow suspicion" (p. 8). "Now the world seemed curiously indeterminate, no longer as stable and sure as it had been yesterday" (p. 86). "And why not? Don't we live now not in modern but postmodern times, the age of pluristyle, form as parody, art as quota-

la implosión, el estallido de cuerpos huecos. Ya no hay fundamentos, sino "vagabundeos inciertos" (Vattimo) y "sendas perdidas" (Heidegger) que se sitúan más allá del bien y del mal[32]. Y todo ello quizá como consecuencia del weberiano desencantamiento del mundo y del desmoronamiento de la Razón[33]. Frente a ella, priman (salvando las distancias) el "pensamiento nómada" de Bonito Oliva, las ideas de Crimp sobre el arte como arma social, el espacio neutro y oblicuo de Barthes donde el sujeto se disuelve, el territorio negativo donde se anula la identidad. El arte, asegura Walter Benjamin, ha perdido su función culta. Como he señalado en otro lugar[34], el hombre siente hoy, en la sociedad del fin de siglo, el placer de rodar desde el centro hasta los bordes sin pretender agarrarse a ninguna

---

tion, the era of culture as world fair? In Berlin Honecker's wall was coming down and turning into art-work, everywhere politics and culture were becoming spectacle. So, that July, lit by lasers and beamed worldwide (courtesy of transmission facilities of the Eiffel Tower), an international soprano sang the Marseillaise, and in the Champs-Elysées Egyptian belly-dancers gyrated with Caribbean limbo dancers, gays danced with lesbians, Structuralist philosophers bunny-hopped with feminist gynoritics, Hungarian security men tangoed with French riot cops, in a great multiplication of images and styles and cultures and genders, so that everything was everything and nothing at the same time ... Great changes, great changes; we had learned how to live in the age of virtual reality" (p. 89). Con esa mezcla irónica, caótica, incierta e indiscriminada típica del pensador del fin de siglo, el Doctor Criminale no duda en mostrar orgulloso de sus fotos con Brecht, Stalin, Nixon y, por supuesto, Madonna. Su ironía y "kinismo" (Sloterdijk) le permiten construir "the final bridge for healing the contradictions and emptiness the world has left us" (p. 337).

[32] Buen ejemplo de todo esto serían las siguientes palabras del pintor Ferrán García Sevilla: "Contrariamente a como se expresan otros artistas, no sé cuál es mi objetivo final. Y ni tan sólo si éste existe. En este sentido, navego sin rumbo fijo. Creo que si lo supiera dejaría de pintar. Apenas conozco lo que mis brazos realizan. Poco sé de lo que hago. Continuamente compruebo una fuerte atracción a experimentar sensaciones nuevas, y en primer lugar aquellas más arriesgadas, o a redefinir las ya conocidas. Por todo ello, el maremagnum que se desarrolla en mi interior es descomunal. El movimiento de conflictos que luchan por imponerse me salpica por todas partes" (Ferrán García Sevilla a Kevin Power, *Conversaciones*, Alicante, Diputación Provincial, 1985, p. 255).

[33] "Nuestros modernos visitantes de ruinas ya no razonan: comentan" (André Glucksmann, *El undécimo mandamiento. ¿Es posible ser moral?*, p. 8).

[34] Cf. M. C. A. VIDAL, *Pintura posmoderna española*, Alicante, Instituto Juan Gil-Albert, 1991.

amarra, el placer de balancearse en todos los péndulos de la cultura mediante deslizamientos que incrementen el poder de contaminación de todos los campos del saber. La existencia del fin de siglo es un mosaico y no una estructura totalizadora, una ópera flotante, etérea y ambigua. Vivimos al borde del camino, en los márgenes de Derrida, en los umbrales de Peter Handke o en el pliegue de Deleuze. La actitud del fin de siglo se podría describir como "a mixture of world weariness and cleverness, an attempt to make you think that I'm half kidding, though you're not quite sure about what"[35].

Vivimos una aventura sin resultado previsto, sin territorio que ocupar ni, posteriormente, que reconocer; por eso el ser se define hoy como compuesto por trozos de espejo y rodeado de pinturas de barro, donde cada trozo refleja y conforma una realidad diferente. La realidad *fin de millenium* se construye a partir de fragmentos y acontecimientos intuitivos nunca comprehensivos, ficciones flotantes en las que lo esencial son las relaciones procesuales, intuitivas y espontáneas entre sus elementos. La entropía se torna dilema ético, suscita una interrogación inagotable y pretende entrar en lo que Barthes llama "lo novelesco", es decir, en el significante con retroceso del significado. El fin de siglo implica el reconocimiento del azar como lógica, del dilema como elección, de la fábula como territorio, de la superficie como profundidad. Con Valéry, celebramos el declive: "Nosotros, las civilizaciones, sabemos, en adelante, que somos mortales". La expectativa queda en todo momento defraudada; la "solución" es demostrar que lo único real es la apariencia del enigma[36]. El mundo se ha convertido en fábula. Se apuesta por el peligro, por ejercicios de imperfección que convierten al artista en maestro de pensar contra sí mismo y en desenmascarador de cuantos pedestales se han izado en torno al arte. Se reivindica, en cambio, un mundo sospechoso en continuo movimiento frente a universos caducos y acólitos del tiempo. El artista es hus-

---

[35] Max APPLE, "Post-Modernism", en *Free Agents*, New York, Harper Colophon, 1985, p. 137.

[36] "De hecho no se trata ya de publicidad mentirosa sino de publicidad para la mentira. No se exige sino aparentar" (André GLUCKSMANN, *El undécimo mandamiento. ¿Es posible ser moral?*, p. 39).

meador de enigmas superficiales que no aspiran a la profundidad metafísica. Su mayor logro es, precisamente, haber conseguido hacer desaparecer el aura en la obra de arte. Se vive en esa zona de impurezas donde la súplica se mezcla con el sarcasmo y los suspiros con las provocaciones. El hombre del fin de siglo se convierte en acróbata del vértigo ante una nada impetuosa, ante los sucedáneos de la verdad que el mundo contemporáneo nos ofrece tras el simulacro de una sonrisa elegante. Una vez liberado del peso de la palabra, acepta el momento que le ha tocado vivir como interesante pero no fascinante, porque es para él un estado evidente que en realidad ha estado siempre presente en su mente de pensador híbrido siempre en período de transición, tributario de lo que desaparece o tan sólo se perfila. Se desliza por divagaciones que le permiten habitar un presente que no conduce a ningún *telos* salvo el de la experiencia mística de la vacuidad de Flaubert, un espíritu convulsivo que siente verdadera pasión por lo impreciso, por los márgenes, por la perpetua querella consigo mismo. El suyo es, como diría Cioran, un *yo* sin mañana que se aferra a lo indefinido, le da vueltas y lo convierte en tensión, y esta tensión no tiene más desenlace que ella misma; surge así un éxtasis en los confines más íntimos, la letanía y el soliloquio del vacío y la llamada esquizofrénica que no persigue el lirismo ni la originalidad de la invectiva, sólo los márgenes, dioses a la deriva de cuanto no es ni podrá ser, lo inaprehensible, lo ficticio y el simulacro, es decir, la realidad.

Y es precisamente en los márgenes por donde el hombre accede hoy al conocimiento. No se trata de una duda frente a determinados valores específicos separables del resto de la vida, sino de una duda general, de un dudar de la validez de los valores, de las verdades absolutas, de normas éticas incondicionadas, de máximas abstractas del obrar. Esta forma de entender el conocimiento, da lugar a la relatividad de los valores, la validez condicionada de la verdad, el carácter mudable de los criterios éticos, de las modas y costumbres. Según este punto de vista, el hombre no crea, ni siquiera para sí mismo, valores permanentes, invariables, unívocos. El ser es incapaz de ello porque la naturaleza humana es inestable, móvil, en modificación constante; porque se encuentra siempre en estado de paso –fluctuante entre diversas situaciones, inclinaciones y estados de ánimo–; porque se desliza incesantemente, y porque su verdadera esencia no se manifiesta en el ser, sino en la transición. Ser implica hoy pensar en movimiento, crear contradicciones conceptuales inexplicables. Pensamiento como errar incierto. El hombre libre se define por un desarraigo de metas, por haber superado el "pathos de la distancia" de Nietzsche.

El mundo se torna espectáculo, ficción, representación, simulacro. El brillo se convierte en la única categoría posible en la sociedad del *look*. El brillo seduce porque es el lugar del vértigo, del eclipse, de la aparición y la desaparición, de la estrategia de la ausencia. Triunfa la seducción, porque seducir es morir como realidad y producirse como ilusión. Parafraseando a Brea, es un universo que nos convence de que habitar la espeluznante delgadez del presente parece nuestra condena. "Y la memoria no se atreve, atrapada en su inmisericorde inercia liquidatoria, a proponernos un sólo recuerdo que se nos aparezca entrañable, dulce, literalmente memorable. Es cierto que el Tiempo se nos ha extraviado, se ha deslizado entre nuestros dedos con la ligereza de lo que ha sido mirado sin confianza, como algo ajeno". Nos entregamos "a la estéril soledad del sálvese quien pueda, en la ausencia de un plano de consistencia capaz de sostener la acción discursiva. Es esa ausencia, la de un horizonte estable de discurso, la que define nuestra posición, la que señaliza el territorio en que nos constituimos hoy, la que articula nuestro lugar –no ya en la historia– en el Tiempo: un lugar invertebrado, derrumbado, baldío, en el que, a falta de referentes, de orden, el registro de la sucesión de las formas del hacer, de la *tecné*, parece haberse vuelto impensable"[37]. El hombre actual se ha percatado de la curvatura del espacio, lleno de bucles infinitos y de agujeros de ozono, de delirios aberrantes y espirales foucaltianas. Ha entendido que el arte ya no es –ya no puede ser– un refugio, sino que debe atreverse a decir, como en el legendario cuento, que el rey está desnudo.

Nuestro fin de siglo acepta el placer del descubrimiento y el "¡Vivid en peligro!" de Nietzsche. Así es precisamente como se entiende hoy la belleza de nuestro fin de siglo: Kundera la define

---

[37] José Luis BREA, *Antes y después del entusiasmo*, Amsterdam, 1989, pp. 30 y 31.

como la que surge "sin una intención humana, algo así como una gruta con estalactitas, formas que... se encuentran casualmente, sin planificación, en unas combinaciones tan increíbles que relucen con milagrosa poesía". La obra de arte se convierte en el viaje de un nómada, sin objetivos definidos ni conocidos. El acto creativo es la afirmación del momento, del flujo y la metamorfosis constantes. Así, la única unidad de medida posible es el fragmento, la posibilidad de lo imposible y la pérdida de todo centro. El arte descubre el placer de la multiplicidad, de la antiteleología, de la falta de proyecto. El fin de siglo no es la época de la geometría, sino la de la transgresión foucaultiana, cuyo símbolo es una espiral infinita, un relámpago que ilumina la noche que a la vez niega, cuya oscuridad se hace más densa y más real gracias a esa luz que se pierde en el espacio, y cuya ausencia es el signo de la inmensidad del vacío tanto dentro como fuera. El arte no se puede gobernar con reglas preestablecidas, no se puede juzgar según principios predeterminados: la filosofía que prima es la que Rorty denomina "anormal", que abandona el concepto de conocimiento como representación exacta de la realidad ("Quien todo lo entiende –decía un sabio chino– es que está mal informado") e interpreta el ataque de Sellars a "lo dado" y el de Quine a la "necesidad" como los pasos fundamentales que han minado la posibilidad de una teoría del conocimiento, puesto que no hay puntos de referencia ni anclas a las que agarrarnos. Para Rorty, la literatura, antes que la filosofía, sería el mejor modelo hoy capaz de ofrecer una nueva forma de conocimiento social[38]. La realidad y la ficción se confunden. Como el amante de Marguerite Duras afirmamos: "la historia de mi vida no existe... Nunca hay centro. Ni camino, ni línea. Hay vastos pasajes donde se insinúa que alguien hubo, no es cierto, no hubo nadie".

Hay que aprender a "tolerate the anxiety"[39]. Todo se acepta en ese campo abierto que es el lienzo o la hoja de papel; como en los cuadros de David Salle o en los poemas de Charles Olson, nada es jerárquicamente superior a otra cosa. En el lienzo (igual que en los

---

[38] Cf. Richard RORTY, *Contingency, Irony and Solidarity*, Cambridge, Cambridge University Press, 1989.

[39] Donald BARTHELME, *The Dead Father*, New York, Pocket Books, 1976 (1975).

textos de Mallarmé, que tanto fascinan a Derrida) el sentido permanece indecidible, el juego siempre es doble. El artista reconoce no
ver las cosas claras, y acepta sin reservas ni coartadas el desconcierto, la demora, la perplejidad. El artista del fin de siglo sigue la
explicación que Sócrates da a su esclavo en el *Menón*: que para descubrir en nosotros mismos lo que de verdad son las cosas es preciso
olvidar lo que creemos ya saber. El arte se complace, pues, con el
nescere audere (osa ignorar), y, en consecuencia, no ofrece soluciones, sino preguntas, y cada pregunta nos conduce a una nueva pregunta o a una paradoja. Como dice Rubert de Ventós, el artista se
va construyendo con su obra una sólida ignorancia ilustrada. El
punto fuerte no radica tanto en la fuerza y claridad del pensamiento
cuanto, precisamente, en su vulnerabilidad, en la actitud *debole*
(Vattimo) o *dolce* (Bonito Oliva) que adopta. El *fin-de-siècle* asume
la afirmación de Kant cuando éste aseguraba que la razón humana
tiene el destino particular de verse acosada por cuestiones que no
puede rechazar...pero a las que tampoco puede responder; asume la
"capacidad negativa" de Keats, aquélla que muestra sin explicar, sin
definir. El hombre actual recuerda al hombre que Heidegger describe en su segundo periodo: el hombre que no conoce, sino que pas-
torea o habita el Ser. Este vagabundeo orgánico, esta ausencia total
de teleología, hace que se rechace toda linealidad en favor de la
diseminación y reconciliación de contrarios: la disolución del significado y el triunfo del juego con el significante es el síntoma de una
era caracterizada, no por la indiferencia, sino, como diría Derrida,
por la ausencia de diferencia entre la diferencia y la no-diferencia.
El arte transvanguardista se caracteriza por la inconstancia y la
veleidad. Según Bonito Oliva, mientras que el arte de los años
sesenta presenta y el de los setenta presenta y representa, el de los
ochenta se ha quedado con la representación, lo que demuestra que
el arte ya no puede ser medida ni de sí mismo ni del mundo.

La inmortalidad del arte, su aura, ya no es posible en la sociedad
de consumo, en el arte de una época "fría", donde se confunden el
objeto prefabricado y la obra de arte, la producción en cadena trans-
formada en cultura: mientras que la generación "caliente" –dice
Bonito Oliva en un libro reciente (*Superart*, 1989)– subrayaba el
valor del arte con la utilización de lenguajes que apelaban a la historia como forma de diferenciarse de otros códigos, los artistas de

los noventa (Bickerton, Clegg & Guttmann, Dokoupil, Förg, Halley, Koons, Kruger, Levine, Mucha, Steinbach) se contaminan del eclecticismo del mundo en el que viven, masificado, de consumo, donde el dinero, el mercado y el arte están íntimamente ligados. La cultura de finales de los ochenta y de los noventa, sigue diciendo Bonito Oliva en el mismo libro, acepta el arte simplemente porque existe, y ya no plantea preguntas relativas a sus funciones u objetivos, lo cual ha permitido que el arte tenga un extraordinario desarrollo y expansión sociales. El "superarte" hace suyas las técnicas de reproducción de la civilización post-industrial, "tal vez para mantener el contacto consciente y vigilante con la historia". El artista ya no siente la necesidad de ofrecer respuestas, sólo es la descripción, la expresión, de la cultura post-todo en la cual el arte no representa la manifestación de la peculiar imaginación del artista, sino sus interrelaciones con el sistema de mercado formado por artistas, críticos, compradores, coleccionistas, museos, comisarios, el público y los medios de comunicación. La autenticidad cede el paso a la simulación, al mundo del simulacro, de la hiperrealidad de Disneylandia.

Según predijera Martin Heidegger, el avance de la tecnología y la consiguiente depravación de la realidad son hechos inevitables. El artista transvanguardista se enfrenta a ellos sin nostalgia, jugando con el *hic et nunc*. Así, el espacio es especialmente importante en la cultura norteamericana, mientras que el tiempo, la idea de memoria y recuerdo, es esencial en la europea, donde el *nunc* de la obra de arte es consecuencia de la interrelación y contaminación de *tempos* diferentes. De este modo, la temporalidad creada por los neo-objetivistas europeos contradice la levedad típica de la cultura *fin de millenium*, pero reconoce al mismo tiempo, según Bonito Oliva, la escena contaminada característica de esa época. El arte contemporáneo, leemos en *Superart*, es ese movimiento ambivalente que juega con la presencia y la ausencia, con el contacto y la separación, con el erotismo y el distanciamiento, actitudes que no se oponen sino que se complementan, en tanto en cuanto afirman relaciones diversas con la realidad. El concepto de contaminación que Bonito Oliva trata a propósito del neo-objetivismo europeo no es, pues, puro juego de coincidencias, sino consecuencia de la necesidad de interpenetración compleja de obra y realidad, en la que también se incluye al espectador. El artista norteamericano y europeo, dice Bonito Oliva en *Superart*, responde a la aldea global contemporánea abriendo el arte al simulacro de los objetos de consumo y al consumo mismo, entendido éste como el acto último de la relación social entre el hombre y su entorno. Este sujeto "modular", como lo ha llamado Bodei, es consciente, por tanto, de la estandarización de los modos de comportamiento y de que, consecuentemente, los objetos artísticos proceden del universo de la producción industrial. Se intenta crear un lenguaje que nos desplaza hacia la producción de una obra que se expresa a sí misma a través del objeto. El resultado es la creación de una *superobjetividad* del sujeto y la presentación de un estilo impersonal capaz de dialogar con otros sujetos del sistema artístico y del contexto social. El consumo es un *progetto dolce*, adopta objetos cotidianos y despoja al arte de todo misterio, de todo aura, de todo sueño de intervencionismo demiúrgico, pero sin nostalgia. Tras el colapso de Wall Street o el desastre de Vietnam, el hombre se da cuenta de la imposibilidad de creer hoy en una historia lineal y en el progreso moral y ético del ser humano. Así, se sirven de la citación (Levine, Salle, Acker), procedimiento que acaba teniendo en algunos casos tintes políticos. El fin de siglo acepta la técnica, la máquina, la sociedad de consumo, el objeto industrial, con un saludable pragmatismo; y, mientras que las vanguardias históricas partían de la adhesión, más ideológica que física, a la obra, a un significado capaz de convencernos, el arte de la cultura actual juega, en cambio, con el principio de la distancia, con la imposibilidad de ofrecer una visión totalizadora o absoluta. Nuestra era, una era "fría" (Bonito Oliva), es aquella que se podría describir con una frase inolvidable que recoge Flaubert: es esa época en la que "los dioses no estaban ya, y Cristo no estaba todavía, y de Cicerón a Marco Aurelio hubo un momento único en que el hombre estuvo solo". Al igual que las danzas de las ménades, se nos empuja hacia un universo diferente en el que dejamos de orientarnos tan pronto penetramos en él, porque el paisaje se forma a base de materiales diversos amontonados sin orden alguno; afloran los desmoronamientos del azar, demasiados caminos que no llevan a ninguna parte, ilusiones ópticas del recuerdo. En este contexto, dice el Adriano de Yourcenar, "una parte de cada vida, y aun de cada vida insignificante, transcurre en buscar las razones de ser, los puntos de partida, las fuentes. Mi impotencia para descubrirlos me llevó a veces...a buscar en los delirios de lo oculto lo que el sentido común no alcanzaba a darme".

Puede que una de las mejores definiciones de nuestra época la haya dado Baudrillard en *Cool Memories*, cuando afirma que ya no habitamos el centro, sino los márgenes: lo que era final y causal se torna aleatorio, los conceptos retroceden hasta el infinito, se pierden en unos rasgos cada vez más extremos y se prestan a infinitas paradojas. Tras la muerte de Dios (Nietzsche), del hombre (Foucault), del pensamiento (Vattimo) y de la ciencia (Heisenberg), hemos dejado de habitar la era de la voluntad para sentirnos a gusto en la de la veleidad; hemos sustituido la anomia por la anomalía, el evento por la eventualidad, la virtud por la virtualidad, la potencia por la potencialidad. Nuestro hogar es el espacio estriado de la vida, el espacio superficial por el que pasan objetos heteróclitos y fugaces, formas todas ellas sin futuro.

Así, se llega a colegir que el pensamiento contemporáneo está en desorden: carece de fundamentos teóricos fuertes, so pretexto de rechazar el totalitarismo científico e ideológico e inclinarse por la multiplicidad y el fragmento y la confusión. Y éste es el rastro que hay que seguir, el de la razón cínica, el de un sistema que se siente a sí mismo como un híbrido sin ninguna perspectiva central. El fin de siglo es esa zona contemporánea transitada por todas las tendencias, los recuerdos, las posibilidades, perennemente en suspensión; transparente y aparencial, voluntariamente sincrética en su multicronía. Es un eclecticismo canallesco y angélico a la vez; la galería museística de la razón que ha fenecido. Es una cultura centrada en el simulacro y en la errancia de los sujetos constitutivamente nómadas: la jerarquía especulativa de los conocimientos da lugar aquí a una red inmanente y plana de una investigación cuyas fronteras no dejan de desplazarse.

¿Agotamiento de la imaginación? ¿muerte del sujeto o del historicismo lineal? ¿eterno retorno? Sea como fuere, lo cierto es que nada de la cultura fin de milenio remite a una esencia; antes bien, a una huella, a un rasgo. Situados en la era post-racionalista, se prefiere la *aletheia* a la *veritas*, la *energeia* a la *enteléjeia*, el *tanto/como* al *o/o*. "Todo empieza con nebulosas, conjuntos estadísticos de vagos contornos, formaciones morales o colectivas que implican singularidades repartidas al azar ... personas bajo extrañas leyes de carencia, ausencia, simetría, exclusión, no comunicación y culpabilidad. Luego, todo se mezcla de nuevo, se deshace, pero esta vez en una multiplicidad pura y molecular"[40]. "Ninguna decisión es final, todas se ramifican en otras ... En todas las ficciones, cada vez que un hombre se enfrenta con diversas alternativas, opta por una y elimina las otras. Crea así diversos porvenires, tiempos diversos que también proliferan y se bifurcan. De ahí las contradicciones de la novela"[41].

No obstante, parece que está empezando a haber una reacción en contra de ese sentimiento de ambigüedad, tanto por parte de pensadores de la derecha como de la izquierda. Así, la teología de la liberación ve la respuesta en el Tercer Mundo:

> P: El mundo ha entrado en una profunda crisis. Hay desencanto. ¿Dónde están las ideas?
> R: Yo lo que percibo es que, excluyendo la investigación científica, la verdad de lo humano o de la historia ya no interesa mucho y los pensadores han claudicado en su afán por encontrarla. Yo creo ... que la verdad del Primer Mundo se va a encontrar en lo que produce. No sé dónde están las ideas, pero sí sé dónde está la verdad. Si Europa mirase al Tercer Mundo va a encontrar la verdad. ¿Por qué no mira? Porque no sólo va a encontrar la verdad sino lo que ha producido[42].

Y George Steiner, en un libro polémico, defiende la existencia de una Presencia Real:

> Seguimos hablando todavía de la "salida" y la "puesta" del sol. Y lo hacemos como si el modelo ptolomeico del sistema solar no hubiese sido sustituido, de forma irreversible, por el copernicano. En nuestro vocabulario y nuestra gramática

---

[40] DELEUZE y GUATTARI, *El anti-edipo. Capitalismo y esquizofrenia*, Barcelona, Paidós, 1985 (1972), p. 74.

[41] Jorge Luis BORGES, *Ficciones*, Madrid, Alianza, 1974, pp. 77 y 111-112.

[42] Jon Sobrino entrevistado por Fernando Orgambides. *El País*, 14 de noviembre de 1992, "Babelia", p. 2.

habitan metáforas vacías y gastadas figuras retóricas que están firmemente atrapadas en los andamiajes y recovecos del habla de cada día, por donde erran como vagabundos o como fantasmas de desván.

Por esta razón, los hombres y las mujeres racionales –en especial en las realidades científicas y tecnológicas de Occidente– se siguen refiriendo a "Dios". Por esto el postulado de la existencia de Dios persiste en tanto giros irreflexivos de expresión y alusión. No hay reflexión o creencia plausible que garantice Su presencia. Ni tampoco prueba inteligible alguna. Allá donde Dios se aferra a nuestra cultura, a nuestras ruinas del discurso, es un fantasma de la gramática, un fósil fijado en la infancia del habla racional. Hasta aquí Nietzsche (y muchos tras él).

Este ensayo argumenta lo contrario ... Este estudio se propone sostener que la apuesta en favor del significado del significado, en favor del potencial de percepción y respuesta cuando una voz humana se dirige a otra, cuando nos enfrentamos al texto, la obra de arte o la pieza musical, es decir, cuando encontramos al *otro* en su condición de libertad, es una apuesta en favor de la trascendencia[43].

Por su parte, un pensador de izquierdas como Christopher Norris, ataca las mencionadas características de nuestro fin de siglo en *What's Wrong with Postmodernism?* o en *Uncritical Theory*, a lo que se añadirían las críticas, ya clásicas, de los neo-conservadores o de la Escuela de Frankfurt, y las de otros muchos pensadores contemporáneos. Todo ello es lógico si pensamos que el proyecto *fin de millenium* se enfrenta a las formas tradicionales de hacer metafísica, filosofía, ontología, literatura o arte. Los métodos utilizados son más bien anti-métodos, iconoclastas, acausales; se prefiere estar, como dice Derrida, en los límites del discurso, y a menudo el filósofo da respuestas que son, cuando menos, poco convencionales: "I judge, but if I am asked by what criteria do I judge, I will have no answer to give"[44]. Esta falta de juicios de valor y verdades

[43] George Steiner, *Presencias reales. ¿Hay algo en lo que decimos?*, Barcelona, Destino, 1992, p. 13.

[44] Jean-François LYOTARD y Jean LOUP THÉBAUD, *Just Gaming*, Minneapolis, University of Minnesota Press, 1985, p. 15.

previas sobre las que asentarnos, la ausencia de visiones unitarias, coherentes, teleológicas y totalitarias, la preferencia por la ambigüedad y la indecisión en aras de evitar el temido dogmatismo y autoritarismo (y todo ello unido al hecho de que, en muchos casos, los discursos se caracterizan por el hermetismo y el metalenguaje), hacen que el *fin-de-siècle* se presente, a decir de algunos pensadores (tanto desde la derecha como desde la izquierda), como un momento histórico apolítico, indiferente y no comprometido con los problemas sociales. En este sentido, los nombres que se podrían dar son muchos –George Steiner, Christopher Norris, Bernard Bergonzi, David Harvey, Elaine Showalter, Celia Amorós–, por citar sólo algunos. Creo, no obstante, que una postura acertada podría ser la de otros pensadores que, ni se muestran acérrimos defensores ni críticos feroces de la situación en su conjunto. Antes bien, deciden desbrozar, eliminar la retórica y ver cuáles han sido las aportaciones más felices de la cultura occidental del fin de siglo (acaso la tolerancia, la caridad –tal como la entiende Lévinas–, y la atención al "Otro" foucaultiano), contrastándolas con las más desafortunadas (tal vez la indiferencia, la ambigüedad y la superficialidad)[45].

---

[45] Un ejemplo podrían ser las siguientes palabras de Sim Stuart: "It is my contention that the desire to transcend value judgement is ideologically highly suspect, and that the extreme individualism it assumes ultimately is not a tenable position politically as current cultural debates are constituted ... Yet, we cannot simply dismiss the work of such figures as Derrida and Lyotard and then return uncritically to traditional positions. The liberating potential of an anti-aesthetics, and the post-aesthetic vistas that it opens up, has to be taken seriously and given its due". Lo ideal es "to maintain a sense of tension between the negative and positive readings" (Stuart SIM, *Beyond Aesthetics. Confrontations with Poststructuralism and Postmodernism*, London, Harvester Wheatsheaf, 1992, pp. 3 y 4). O el siguiente comentario de Lipovetsky: "El avance hacia una mayor autonomía de las personas no debe suscitar un optimismo sin reservas. La nueva era individualista desintegra los vínculos sociales".

2. La educación y las instituciones académicas

Puede que una de las instituciones donde más se ha notado el cambio de valores que ha traído consigo el fin de siglo sea la de la educación. Dada su importancia y repercusiones, todos los partidos políticos insisten –lo hemos visto hace bien poco en la última campaña electoral– en la necesidad de que exista un periodo de escolarización gratuito y obligatorio, una calidad de la enseñanza cada vez mayor y unos alumnos con una preparación impecable, capaces de competir con quienes han salido de las universidades europeas o norteamericanas. La educación, como la cultura en general, es un objetivo primordial de los gobiernos del fin de siglo, pero es a la vez uno de los más difíciles, en tanto los resultados no son en muchos casos demasiado alentadores. Si nos damos un paseo por las puertas de un instituto de enseñanza media nos daremos cuenta de que la situación no es en absoluto halagüeña. Al tiempo que aumenta el periodo de escolarización obligatoria, disminuyen los índices de lectura y crecen los de consumo audiovisual. La lectura decae porque ya no sirve para ejercer un liderazgo cultural[1]: hoy el único liderazgo posible es el económico, y las nuevas generaciones lo saben. El conocimiento ya no es aquello que, como decía Aristóteles, busca el ser humano como satisfacción personal, como realización o puesta en marcha, al menos, de las utopías. El conocimiento es hoy objeto de compra-venta. El conocimiento es poder. Surgen unas nuevas generaciones que tanto la derecha (Daniel Bell, Alan Bloom) como la izquierda (Finkielkraut) tachan de hedonistas,

---

1 Cf. Enrique GIL CALVO, *Futuro incierto*, Barcelona, Anagrama, 1993, pp. 32 ss.

estériles, mimadas, sobornadas por la historia, incapaces de decidir y obrar. Pensadores débiles sin haber leído a Vattimo. Chicos con coleta y chicas con vaqueros que comen palomitas de maíz en la puerta de los cines y que no saben quién es Jung, ni si han de elegir entre el existencialismo o el marxismo. La mejor manera de convencerles de que vayan a una excelente conferencia es decirles que "caerá" en la prueba de junio. La literatura se la plantean en términos del número de páginas que haya que "engullir" para el examen, y no como un camino para "tenerse en pie" (Pániker)[2].

Algo pasa. La tolerancia, mal entendida, ha llevado a la indiferencia. La obsesión de los adultos por dárselo todo y evitarles sufrimientos y carencias les ha convertido en tiranos infantiles, pasivos y sin utopías. Peter Pan no es ficción. "Nada es verdad, todo está permitido": lo dijo Nietzsche, Mourre, los Sex Pistols, los punks o Debord citando a Rashid al-Din Sinan, un gnóstico islámico. Toda situación es transitoria y efímera; no hay futuro. Prevalece el "Free Speech Movement"[3]. Algunos pensadores (Altieri, Bergonzi, Booth, Donoghue, Ellis, Eagleton, Graff, Hirsch, Jameson, Scott, Showalter, Steiner, Watson) confían en que todo esto cambie, que no sea más que una pesadilla. Y otros, frente a respuestas reaccionarias o nihilistas, prefieren la lucidez de la acción; frente a la ética sagrada y la ética secular, se propone la ética de los procedimientos[4]; o una permanente crítica en crisis, entendida ésta en sentido positivo (recordemos las tesis del conocido artículo de Paul de Man, "Criticism and Crisis"[5]).

---

[2] Cf. Francisco UMBRAL, "Drácula", *La década roja*, Barcelona, Planeta, 1993, pp. 297-299.

[3] Cf. Greil MARCUS, *Lipstick Traces. A Secret History of the 20th Century*, Cambridge, Mass., Harvard University Press, 1989, pp. 442 ss.

[4] Enrique GIL CALVO, *op. cit.*, pp. 103 ss.

[5] Véase también Roland BARTHES, "Escritores, intelectuales, profesores", *Lo obvio y lo obtuso. Imágenes, gestos, voces*, Barcelona, Paidós, 1986, especialmente p. 323. Algo parecido apunta Julia Kristeva cuando comenta que lo que se necesita es una teoría "that would search within the signifying phenomenon for the *crisis* or the *unsettling process* of meaning and subject rather than for the coherence or identity of either *one* or a *multiplicity* of structures" (Julia KRISTEVA, "From One Identity to An Other", *Desire in Language: A Semiotic Approach to Literature and Art*, New York, Columbia University Press, 1980, p. 125).

Es evidente que la situación actual del alumnado no surge de la nada, sino que es, como cabría esperar, consecuencia directa de una serie de alteraciones sociales, culturales, políticas y éticas. A medida que el siglo avanzaba, se iba construyendo una "aldea global" donde los valores tradicionales (como algunas de las características antes mencionadas –nacionalismo, religiosidad, belleza, ética humanista–) se iban disolviendo: Canetti, por ejemplo, afirma que "todo esto que llaman civilización reposa sobre una montaña de cadáveres", y, como ya vimos, George Steiner analiza la situación en una ensayo, titulado "Humanismo y saber literario" (1963), y en su último libro, *Real Presences*. Tras la Segunda Guerra Mundial, la mansión del humanismo clásico y el sueño de la razón empiezan a desmoronarse. La filosofía de finales de los años cincuenta y de la década de los sesenta se va haciendo cada vez menos "humanista": Lacan anunció que no es el sujeto quien crea el lenguaje sino a la inversa (el lenguaje representaba ese "margen más allá de la vida" donde el individuo sólo aparece representado). Wittgenstein por su parte aceptaba el pluralismo inconmensurable de los juegos del lenguaje al atacar la concepción racionalista del sujeto y del lenguaje, al negar al *yo* su pretendida autonomía denominadora. Weber se fijó en la creciente autonomización de las "esferas de valor", la ciencia, la moralidad y el arte (que recuerdan a Kant y su razón teórica, práctica y estética), dimensiones de la racionalidad que se independizaron dando lugar al desencantamiento del mundo, a su desacralización. Foucault, llevando a su extremo la afirmación nietzscheana sobre la muerte de Dios, anuncia la desaparición del hombre y elabora una compleja teoría sobre lo visible y lo invisible, sobre lo representado y lo representable, sobre las palabras y las cosas[6]. Derrida ataca toda noción de estructura, centro, definición precisa. Y Barthes evolucionará hasta conceptos tan relevantes como los de "significancia" o "textos de goce". Todos estos cambios en la filosofía (en la forma de concebir la existencia, en suma) darán lugar a metamorfosis radicales en la novela y la crítica literaria, y, cómo no, en la forma en la que las universidades enfocan esas disciplinas

---

6 En este sentido, es extremadamente interesante el análisis que hace de *Las Meninas*, en el ensayo del mismo título incluido en *Las palabras y las cosas*, y de diversos cuadros de Magritte en el libro *Esto no es una pipa*.

al finalizar el siglo: así, Paul de Man comenta la necesidad de un cambio en la enseñanza, dado que también la sociedad ha cambiado[7].

Si entendemos que la educación, el conocimiento –y su transmisión vía las artes y la literatura– es parte de nuestra vida –algo que acompaña al hombre en su quehacer cotidiano, refleja sus deseos, su organización de la experiencia y, en suma, sus posturas ante la existencia[8]– para transmitirlo tendremos que amarlo, como dice Wordsworth al final de *The Prelude*: "What we have loved,/Others will love, and we will teach them how". Pensar en una posible metodología para la enseñanza a finales del siglo XX es pensar también en el tipo de sociedad en/para la que enseñamos; si pretendemos lograr que el discente goce con lo que Emily Dickinson llamó "This consent of Language/This loved Philology", será necesario reflexionar sobre las características de los alumnos contemporáneos, sobre la influencia de las instituciones y de los cambios éticos, políticos y sociales acaecidos en los últimos años.

El siglo XX ha tenido que pasar por dos guerras mundiales cada vez más complejas, y, en efecto, el arte y la literatura han reflejado fielmente los cambios sociales, éticos, culturales, políticos, que esos acontecimientos históricos trajeron consigo. La fragmentación es quizá la manifestación más directa de todo esto, fragmentación que a su vez significa la puesta en duda de la Razón (con mayúsculas) y la consiguiente aparición de técnicas como el *collage* cubista (en novela y en pintura) y de gritos como el poundiano "I cannot make it cohere!", la angustia por no llegar a las epifanías y a los "momentos de ser". Podría decirse, con Javier Muguerza, que el nuestro es

---

[7] Cf. *Blindness and Insight*, Minneapolis, University of Minnesota Press, 1983 (1971), p. 163.

[8] Leslie Fiedler comenta en un artículo que "what does not change is a commitment, an attitude, a way of living with living literature ... After more than four decades, one of the few things I belief I really have learned is that the teacher, that professional amateur ... provides for those less experienced in song and story, including the reluctant, the skeptical, the uncooperative, the incompetent, a model of one in whom what seemed dead, mere print on the page, becomes living, a way of life -palpable fulfillment, a transport into the world of wonder" ("Against Literature as an Institution", *Boston Review*, 7, October 1982, p. 7; y Leslie FIEDLER, *What Was Literature Class Culture and Mass Society*, New York, Simon and Schuster, 1982).

el siglo de los perplejos ante una encrucijada que les oprime por plantear el abandono de la razón o la fe, abandono que causa en el artista una perplejidad acompañada de un dolor violento en algunos casos y de indiferencia o incredulidad en otros, sobre todo tras catástrofes como Auschwitz, el Gulag o Hiroshima. Vivimos en un siglo en el que la educación, el conocimiento, las artes y la literatura se podrían definir tal y como Aranguren definiera en su día la filosofía, como un "sistema de preguntas" que revela, parafraseando a Rubert de Ventós, "la importancia de no verlo claro". Ya se ha mencionado que, frente a teóricos como Habermas, otros como Lyotard o Muguerza coinciden –salvando las distancias– en que en nuestro siglo la razón ya no se puede escribir con mayúsculas. Acaso lo que sí pueda alcanzarse sea "una comunidad donde la comunicación no sea babélica ni tampoco pentecostal sino que, equidistante tanto de la insuperable opacidad cuanto de la inasequible transparencia comunicativas, alcance a ser translúcidamente humana, con esa translucidez que como hombres nos obliga al penoso esfuerzo de traducirnos mutuamente, esto es, a dialogar"[9].

La crisis de la educación refleja cómo el hombre de finales del siglo XX ha acabado haciendo suya la cualidad que, según Keats, es indispensable al hombre de letras: "... several things dovetailed in my mind, & at once it struck me, what quality went to form a Man of Achievement especially in Literature ... I mean *Negative Capability*, that is when man is capable of being in uncertainties, mysteries, doubts, without any irritable reaching after fact & reason"[10]. Se trata, en suma, de una capacidad (negativa) para sentirse a gusto en la incertidumbre que comparten muchos intelectuales del fin de milenio[11].

---

9 Javier MUGUERZA, *Desde la perplejidad. (Ensayos sobre la ética, la razón y el diálogo)*, p. 49.

10 *The Letters of John Keats*, vol. I, Hyder Edward Rollins (ed.), Cambridge, Mass., Harvard University Press, 1958, p. 193.

11 "I don't feel it is necessary to know exactly what I am. The main interest in life and work is to become someone else you were not in the beginning. If you knew when you began a book what you would say at the end, do you think you would have the courage to write it?" (Entrevista con Michel Foucault (1982), en L. MARTIN, H. GUTMAN y P. HUTTON (eds.), *Technologies of the Self*, London, Tavistock, 1988, p. 9).

A lo largo del siglo XX, las escuelas de pensamiento se han sucedido con una increíble rapidez, lo cual refleja el relativismo, heterogeneidad, anti-jerarquización y anti-dogmatismo latentes en los ambientes académicos, características que a su vez han favorecido la interdisciplinariedad. Como dice Terence Hawkes, no es ningún secreto que vivimos en una época de cambios rápidos y radicales que inevitablemente afectan a las instituciones académicas: los modos y categorías del pasado ya no parecen ser válidos para la realidad que experimenta la nueva generación[12]. Cuando los académicos han intentado minar las propias instituciones que les han educado, los resultados no han sido aceptados sin más: el caso de Colin MacCabe a comienzos de 1981 en Gran Bretaña es uno de los más sonados. Había estudiado en París y su mentor en Cambridge fue un discípulo de Roland Barthes, Stephen Heath; le interesaba Lacan, y había escrito un libro sobre Godard y otro sobre Joyce[13]: eran éstos datos suficientes para levantar las sospechas de cualquier profesor tradicionalista de Cambridge[14]. Además, el caso MacCabe –que resultó ser sólo la punta del iceberg– tuvo otras consecuencias graves: Frank Kermode, por ejemplo, abandonó Cambridge para dar clase en Columbia ("Cambridge", dijo, "is exceptionally hostile to any kind of thought at all, as far as the English Faculty is concerned") y salieron a la luz una serie de problemas bastante menos intelectuales[15]. Otro ejemplo podría ser la polémica surgida hace bien poco (en mayo de 1992) a raíz de la concesión del título de doctor *honoris causa* a Derrida, también por la Universidad de Cambridge. Con éstos y otros muchos ejemplos, las instituciones

---

[12] Terence HAWKES, "General editor's preface", Brian Doyle, *English & Englishness*, London and New York, Routledge, 1989, p. ix.

[13] *Vide*, por ejemplo, Colin MACCABE, "The State of the Subject (I) English", *Critical Quarterly* 29 (4), pp. 5-8; y *Futures of English*, Manchester, Manchester University Press, 1988.

[14] El libro de George Watson titulado *The Certainty of Literature. Essays in Polemic* (London, Harvester Wheatsheaf, 1989) nace precisamente del llamado "MacCabe affair". Watson se opone radicalmente a todo escepticismo post-estructuralista, y recomienda la vuelta al Humanismo, a la Ilustración y a todos los valores que todo ello trae consigo, utilizando argumentos inteligentes y bien documentados.

[15] Véase Bernard BERGONZI, *Exploding English. Criticism, Theory, Culture*, Clarendon Press, 1990, p. 15.

académicas ponen de manifiesto la división tradicional entre quienes abogan por el pluralismo y la diversidad aun a costa de perder la coherencia intelectual y quienes prefieren una sola doctrina aun a riesgo de ser dogmáticos e intolerantes; entre quienes ven la educación como una actividad privilegiada y quienes deseaban alinearla con otras formas de significación más populares como el cine y la televisión.

En 1982 hubo otra polémica importante a raíz de la publicación, en la serie británica de "New Accents", del libro *Re-Reading English*, editado por Peter Widdowson y con participantes marxistas o de ideología de izquierdas[16], cuyo propósito era abordar problemas relacionados con la definición y enseñanza de la literatura, la naturaleza de los cánones literarios y las consecuencias de la institucionalización académica en la crítica. Y, en ese mismo año, surgió el enfrentamiento intelectual entre dos eminentes profesores, el mencionado Frank Kermode y Helen Gardner. En su libro de 1982 *In Defence of the Imagination*, Gardner reconoce haber estado durante unos diez años algo alejada de las últimas tendencias críticas debido a otras obligaciones profesionales. Al ponerse al día, se encuentra en un mundo "extraño y perturbador" en el que se habla un lenguaje cargado de palabras procedentes de otras disciplinas como la lingüística, la filosofía o la psicología. Había también palabras que el crítico "had made up for his own pleasure in a mood of high spirits or 'playfulness', a word which for some appeared to be a synonym for critical activity"[17]. Pero en opinión de Gardner eran todavía más graves las teorías sobre la muerte del autor como creador del texto y la negación de la naturaleza objetiva del texto, la nueva importancia que se le confería al receptor y las consiguientes teorías sobre las infinitas interpretaciones que podía tener una obra literaria. Los ataques a Kermode, Fish o Bloom no se hicieron esperar: acusó al primero, por ejemplo, de hacer una crítica falta de

---

16 En realidad, es ésa la ideología que, por lo general, caracteriza esa serie. Buen ejemplo de ello es una compilación mucho más reciente (1989) titulada *Dialogue and Difference. English into the Nineties*, de Peter Brookner y Peter Humm, claramente en contra de la política educativa de la era Thatcher.

17 Helen GARDNER, *In Defence of the Imagination*, Oxford, 1982.

valores objetivos, una crítica escéptica y relativista[18]. Gardner no pudo aceptar la conclusión a la que llega Kermode en su libro *The Genesis of Secrecy* ("that books, like the world, are hoplessly plural, endlessly disappointing"), conclusión que viene a reflejar, nos guste o no, el estado de la crítica y de la metodología de la enseñanza a finales de siglo, como consecuencia de los cambios éticos, políticos, sociales, económicos y culturales de nuestro tiempo.

Teniendo todo esto en cuenta, se llega, pues, a la conclusión de que, dadas las circunstancias, es imposible pretender dar una respuesta definitiva sobre la enseñanza a fines del siglo XX. No creo que la mejor postura sea la de convertir en un dios a ningún académico ni la de defender dogmáticamente ninguna postura, como hace por ejemplo Norris con Derrida y el post-estructuralismo o, en el otro extremo, Hirsch[19]. Creo que, sobre todo, hay que ofrecer a los alumnos el abanico más amplio de posturas posibles, para enseñarles así a discernir cuáles son los fallos y aciertos de cada metodología. Lo que hay que intentar, en mi opinión, es prepararlos para habitar en la era del carnaval, según la ha llamado Mikhail Bakhtin, una era en la que, como en la de Alicia a través del espejo, todo está desfigurado, todas las normas y protocolos han quedado en suspenso[20]. Lo único factible, pues, a la hora de pensar en una metodolo-

---

[18] Hay que tener en cuenta, empero, que Kermode no es desconstructivista, según él mismo afirma en el prólogo a sus *Essays on Fiction 1971-82.*

[19] "I do not believe –comenta Christine Brooke-Rose– in one method, infallible for every text" (Christine Brooke-Rose, *A Rhetoric of the Unreal. Studies in Narrative & Structure, Especially of the Fantastic*, New York, Cambridge University Press, 1981, p. 13).

[20] "And thus a literary education adequate to such a necessity will be one guided by a kind of pedagogy that ... does in some measure prepare them to cope with the larger world beyond the classroom where, amidst the pervasive cultural fragmentation of the age, they will find themselves summoned to an ethos of encounter and required to reckon, without recourse to any sort of reductionism, with the multitudinous messages and voices that press in upon them, each clamoring for attention and for pride of place" (Nathan A. Scott, Jr., "On the Teaching of Literature in an Age of Carnival", en *Teaching Literature. What Is Needed Now*, James Engell y David Perkins, eds., Cambridge, Mass., Harvard University Press, 1988, p. 53). Lo que Scott propone es lo que podríamos llamar una "pedagogía hermenéutica", cuyos guías espirituales serían Bakhtin, Ricoeur, Gadamer y Rorty. Se opone, en cambio, radicalmente a la didáctica desconstructivista de Derrida, que después menciono.

gía teórica con la que enfrentarse a la educación es reflexionar primero sobre ese hecho del que todos somos conscientes: simple y llanamente, que las formas de enseñanza han de cambiar porque la sociedad también ha cambiado[21].

Cómo, pues, enseñar a unos alumnos que, casi inconscientemente y siguiendo sin saberlo a los filósofos más representativos de su tiempo, han anulado cualquier tipo de método o autoridad. La literatura actual puede ser un buen ejemplo de esta actitud general: en la obra de autores del fin de siglo como Walter Abish, Donald Barthelme, John Barth, William Gass, Thomas Pynchon, Kurt Vonnegut, Paul Auster, Julian Barnes, Gonzalo Torrente Ballester, Jorge Luis Borges, Italo Calvino, Peter Ackroyd, Umberto Eco, Manuel Puig, Milan Kundera, Bret Easton Ellis, John Fowles, Peter Handke, Steve Katz, William Gaddis, Kathy Acker, David Markson, y otros muchos, se refleja el estado de lo que Edward Said llama "the world": el argumento coherente lineal ha dejado de existir, los personajes se burlan del autor e incluso, como en algún cuento de Cortázar, pueden llegar a "matar" al lector. Desde luego, las viejas nociones de método y verdad, para decirlo con Gadamer, ya no nos sirven, pues, señala Christine Brooke-Rose, la realidad empírica ha dejado de ser algo seguro para convertirse en algo cada vez más irreal. Este fin de siglo parece ser más fortuito que ninguno, a pesar

[21] "...the kind of novel written in response to the social and aesthetic exigencies of the eighteenth and nineteenth centuries, what my poor reviewees still trying to write in the mid-twentieth, and what most ordinary readers still think of when they hear the word "novel" (fact, realistic fictions with recognizable plots and characters, plus comfortably lofty ideas about love and marriage, gender and race, society and the nature of man), would disappear from a radically changed, late industrial world, in which the sensibility to which that kind of novel appealed had become as obsolete as the modes of production which had originally helped determine its form and function" (Leslie A. FIEDLER, "The Death and Rebirths of the Novel: The View from 82", en *Innovation/Renovation. New Perspectives on the Humanities*, Ihab Hassan y Sally Hassan eds., Wisconsin, The University of Wisconsin Press, 1983). Véase también Stanley Aronowitz, "Mass Culture and the Eclipse of Reason: The Implications for Pedagogy", *College English*, vol. 38, no. 8, April 1977; y Richard MARIUS, "Reflections on the Freshman English Course", en *Teaching Literature. What Is Needed Now*, especialmente p. 179).

de todos nuestros esfuerzos por planearlo todo racionalmente[22]. Como ya se mencionó más arriba, parece que lo único que nos ofrece en este final de siglo el pensador, cual nuevo Maimónides, es una guía de perplejos. De ahí que sea hoy tan famosa la frase con la que Walter Benjamin comienza su *Infancia en Berlín*: "Importa poco no saber orientarse ... Perderse, en cambio ... requiere aprendizaje"[23].

Por tanto, tras la revolución científica anunciada por Kuhn (uno de los primeros momentos en los que la Razón empezó a tambalearse), las nuevas teorías didácticas parecen querer alejarse de la ideología dominante y pretender un cambio social radical. Paul Smith, por ejemplo, comenta que en las nuevas tendencias pedagógicas la urgencia del cambio es quizás el componente crucial. Y, en este sentido, uno de los libros que le parece fundamental es el de Henry Giroux, *Theory and Resistance in Education: A Pedagogy for the Opposition* (1983), donde el autor considera que el primer objetivo de un educador ha de ser la construcción o invención de un lenguaje y conceptos críticos que se enfrenten con seriedad a las condiciones metamórficas del capitalismo tardío, dado que es precisamente la educación el *locus* más importante de control de la ideología y la cultura[24]. Y libros como el de Pierre Bordieu y Jean-Claude Passeron, *Reproduction in Education, Society, and Culture* (1977), proponen que algunas instituciones, entre ellas la educativa, tienen como objetivo la reproducción y legitimación, aun subrepticiamente, de las formas sociales necesarias para el mantenimiento del capitalismo.

Sobre todo a partir de la participación de Jacques Derrida en el "Groupe de recherches sur l'enseignement philosophique" (GREPH), surgió una línea didáctica que ha dado (y está dando) mucho que hablar[25]. La didáctica desconstructivista no es aquella

---

[22]   Cf. Christine BROOKE-ROSE, *A Rhetoric of the Unreal. Studies in Narrative & Structure, Especially of the Fantastic*, p. 4.

[23]   Walter BENJAMIN, *Infancia en Berlín hacia 1900*, Madrid, Alfaguara, 1982, p. 15.

[24]   Cf. Paul SMITH, *Discerning the Subject*, Minneapolis, University of Minnesota Press, 1988, p. 63.

[25]   E.D. Hirsch es uno de los críticos más mordaces de este tipo de metodología didáctica.

que intenta destruir ni disolver, sino cuestionar. Se intenta acceder al modo en que ha sido construido históricamente un sistema o estructura para desconstruirlo[26]. O, según afirma en sus *Memorias para Paul de Man*, "la desconstrucción es también, y cada vez más, un discurso y una práctica *sobre el tema de* la institución académica, la profesionalización, y las estructuras departamentales que ya no pueden contenerla"[27]. El mismo Derrida comenta que sus teorías podrían parecer peligrosas "en la Universidad, cuando esos catedráticos ... se dan cuenta de que los estudiantes han empezado a leer y a escribir de una forma distinta –no ya asumiendo posiciones revolucionarias en un sentido político, sino sencillamente manifestando su posesión de una nueva retórica, redactando sus trabajos de una forma distinta, en ocasiones con una vasta cultura–, no disponen de reglas para evaluarlos. Por eso lo que en muchos departamentos se considera amenazador no es una actitud políticamente revolucionaria, cuando se expresa de un modo codificado y tradicional, sino que es más bien algo que a veces no parece político, pero que perturba los modos tradicionales de leer, comprender, debatir, utilizar la retórica, etc., porque esto socava, o no necesariamente socava, sino que cuando menos descubre, lo que se ocultaba bajo la institución"[28]. Como dice Paul de Man, es mejor fracasar enseñando lo que no se supone que deberíamos enseñar que tener éxito enseñando lo que no es verdad[29].

Algunos pensadores, como por ejemplo Michel Foucault, no desean ser alguien de quien procede el discurso, sino "más bien una pequeña laguna en el azar de su desarrollo, el punto de su desapari-

---

[26] Jacques DERRIDA, en Raoul MORTLEY, *French Philosophers in Conversation*, London, Routledge, 1991, p. 97.

[27] Jacques DERRIDA, *Memorias para Paul de Man*, Barcelona, Gedisa, 1989, p. 30.

[28] Jacques DERRIDA, "Algunas preguntas y respuestas", en *La lingüística de la escritura*, Madrid, Visor, 1989, pp. 262-263. (*The Linguistics of Writing*, Manchester University, 1987, pp. 252-264).

[29] Paul DE MAN, "The Resistance to Theory", en *The Pedagogical Imperative: Teaching as a Literary Genre*, Barbara Johnson (ed.), New Haven, Yale University Press, 1982, p. 4.

ción posible"[30]. Nos encontramos aquí con el deseo de que desaparezca el sujeto del *Establishment* que ordena el discurso, ese sujeto que controla, selecciona y redistribuye los textos mediante una serie de procedimientos: los de exclusión (que Foucault resume en tres: la palabra prohibida, la separación de la locura y la voluntad de verdad) y los internos (el comentario, por ejemplo). Mediante estos procedimientos el sujeto que controla el texto determina las condiciones de su utilización e impone un orden del discurso. Precisamente, para Foucault, todo sistema educativo es "una forma política de mantener o de modificar la adecuación de los discursos, con los saberes y los poderes que implican"[31]:

> ¿Qué es, después de todo, un sistema de enseñanza, sino una
> ritualización del habla; sino una cualificación y una fijación
> de las funciones para los sujetos que hablan; sino la consti-
> tución de un grupo doctrinal cuando menos difuso; sino una
> distribución y una adecuación del discurso con sus poderes
> y saberes? ¿Qué es la "escritura" (la de los "escritores")
> sino un sistema similar de sumisión, que toma quizás for-
> mas un poco diferentes, pero cuyas grandes escansiones son
> análogas? ¿Acaso el sistema judicial y el sistema institucio-
> nal de la medicina no constituyen también, al menos en
> algunos de sus aspectos, similares sistemas de sumisión del
> discurso?[32].

En opinión de Foucault, para que el discurso –en nuestro caso el del profesor– no imponga ningún orden concreto, hay que lograr un triple objetivo: poner en duda nuestra voluntad de verdad; restituir al discurso su carácter de acontecimiento y dar paso a la soberanía del significante. Así, el discurso se convierte en un juego sometido a cuatro principios, cuales son: el principio de trastocamiento del discurso; el principio de discontinuidad; el principio de especificidad (no resolver el discurso en un juego de significaciones previas); y el

---

[30] Michel FOUCAULT, *El orden del discurso*, Barcelona, Tusquets, 1987 (1970), p. 9.

[31] *Ibid.*, p. 37.

[32] *Ibid.*, p. 38.

principio de exterioridad (no buscar una esencia interior, una signi-ficación esencial del discurso, sino sus condiciones externas de posibilidad).

Una vez logrados estos objetivos, el profesor intentará que el alumno adopte el "pensamiento del afuera" ("La pensée du dehors"), un pensamiento opuesto al orden del discurso establecido y que es consciente de que el sujeto que habla no es tanto responsa-ble de lo que dice cuanto de lo que no dice. La enseñanza de la lite-ratura nos debe conducir a la experiencia del afuera, hacia un len-guaje en que el sujeto está excluido porque presiente el peligro que corre la evidencia del "existo" ante la experiencia desnuda del len-guaje. La enseñanza del afuera es una enseñanza sin sujeto (o con un sujeto disperso y ausente), sin puntos de apoyo, sin origen ni fundamento, carente de certidumbres. La enseñanza del afuera nie-ga continuamente su propio discurso, lo despoja tanto de lo que acaba de decir como del poder de enunciarlo[33].

Al enseñar al alumno a analizar el discurso, habría que hacerle consciente de lo importante que es preguntarse "¿Quién habla?" Precisamente eso es lo que se plantea Foucault en su famoso ensayo "¿Qué es un autor?", y me parece que es una pregunta esencial si queremos que las nuevas generaciones actúen y no acepten tranqui-lamente los discursos con que los medios de comunicación les bom-bardean. Preguntarse "¿Quién habla?" y qué repercusiones puede tener que hablen unos u otros, que hable el centro o los márgenes, implícitamente nos recuerda que, como decía Louis Althusser, el sistema educativo es uno más de los Aparatos Ideológicos del Esta-do. Para que el sistema educativo de nuestro fin de siglo sea eficaz, ha de llegar a conseguir que el alumno adopte una postura crítica ante el mundo, en otras palabras, que sea capaz de pensar, y, por tanto, de transformarse constantemente en su ámbito personal. Pre-cisamente, para Foucault, el verdadero objetivo político de una sociedad como la nuestra habría de ser criticar aquellas institucio-nes que son, aparentemente, neutrales e independientes[34]. O, como

---

33 Cf. Michel FOUCAULT, *El pensamiento del afuera*, Valencia, Pre-textos, 1988 (1986), p. 25.

34 Michel FOUCAULT, *The Archaeology of Knowledge*, London, Tavistock, 1974, p. 171.

dijo en una entrevista, "me enorgullece pensar que hay quien cre que soy un peligro para la salud intelectual de mis estudiantes"[35].

El profesor debe enseñar al alumno a descubrir los proceso sociales que han dado lugar a un texto concreto y a su significad en vez de a otro. Como dice Sukenick, "We not only need to knov things, we also need to know that we know them and how we knov them, questions of authority that contemporary fiction takes int account as do philosophy, science, linguistics, sociology, and othe disciplines"[36]. La enseñanza de la literatura debe servir para se cada día más críticos con nosotros y con nuestro entorno, porque como en *The Joy Luck Club* de Amy Tan, no podemos permanece en la oscuridad durante mucho tiempo. Algo dentro de nosotro empieza a desvanecerse y entonces nos tornamos personas hambrientas, desesperadamente ansiosas de luz.

Foucault nos enseña las relaciones entre discurso y poder. E poder, dijo, es omnipresente porque se está continuamente produciendo, de ahí que entienda todo sistema de enseñanza como una ritualización del habla, una cualificación y una fijación de las funciones para los sujetos que hablan, una distribución y adecuación del discurso con sus poderes y saberes. Todo sistema educativo es para él una forma política de mantener o de modificar la adecuación de los discursos con los saberes y los poderes que implican[37]: el papel del intelectual será enseñar a la gente que son más libres de lo que creen ser. El intelectual deberá cambiar algo en la mente de sus contemporáneos[38].

Así, plantear una nueva forma de enseñanza equivale en parte a plantear el papel del intelectual en la sociedad, y, concretamente, ante esa micro-sociedad que es la de los jóvenes universitarios. Thomas Docherty, por ejemplo, establece una diferencia entre el intelectual pre- y post- mayo del 68[39]. ¿Ha de ser el profesor el

---

[35] L. MARTIN *et al.*, eds., *Technologies of the Self*, London, Tavistock, 1988, p. 13.

[36] Ronald SUKENICK, *In Form: Digressions on the Act of Fiction*, Carbondale and Edwardsville, Southern Illinois University Press, 1985, p. 79.

[37] Cf. Michel FOUCAULT, *El orden del discurso*, especialmente pp. 37 y 38.

[38] Michel FOUCAULT en Martin *et al.*, eds., *op. cit.*, p. 10.

[39] Véase Thomas DOCHERTY, *After Theory. Postmodernism/ Postmarxism*, London and New York, Routledge, 1990, p. 8.

"disidente" de Julia Kristeva[40]? ¿el intelectual comprometido de Chomsky? ¿el "opponent" de Edward Said[41]? ¿o una especie de cadáver, como dice François Lyotard en *Tombeau, passim*? Creo que el papel más importante de ese intelectual que es el profesor será el de acercarlos críticamente a la sociedad en la que van a vivir[42]. Como ya se ha apuntado, para conseguir que nuestros alumnos posean el nivel adecuado de lo que E. D. Hirsch llama "cultural literacy", habrá de hacerlos conscientes precisamente de las características de esa sociedad. El discurso habla de lo que se puede decir y pensar, pero también de quién puede hablar, cuándo y con qué autoridad. El texto constriñe las posibilidades del pensamiento al ordenar y combinar las palabras de un modo determinado, y excluyendo así otro tipo de designación de las cosas: como señala Robert Scholes, en la era de la manipulación, cuando el alumno se ve obligado a hacer frente a los continuos ataques de los medios de comunicación, habrán de ser críticos con todos y cada uno de los textos que lleguen a sus manos, o mejor, que les pasen por delante de los ojos. Necesitamos estar alerta y ser escrupulosos ante los posibles "huecos" que deliberadamente quedan en los textos[43]. El profesor debe enseñar al alumno a descubrir los procesos sociales que han dado lugar a un texto concreto y a su significado en vez de a otro.

---

40 Cf. Julia KRISTEVA, "A New Type of Intellectual: the Dissident", en Toril Moi (ed.), *The Kristeva Reader*, Oxford, Blackwell, 1986, pp. 292-300.

41 Cf. Edward SAID, "Secular Criticism", en *The World, the Text and the Critic*, London, Faber, 1984, pp. 1-30; y "Opponents, Audiencies, Constituencies and Community", en Hal Foster (ed.), *The Anti-Aesthetic: Essays on Postmodern Culture*, Port Townsend, Washington, Bay Press, 1983, pp. 139-159.

42 Es precisamente en este sentido en el que Edward Said critica a Derrida. En efecto, al comentar la contribución de Derrida a la antología *Politiques de la philosophie* titulada "Où commence et comment finit un corps enseignant", Said reconoce las implicaciones políticas de la pedagogía derrideana, pero considera por otra parte que las técnicas desconstructivistas y sus "undecidable counter-concepts give sovereignty to the teacher, requiring knowledge of nothing outside the text". Cf. Edward SAID "Criticism Between Culture and System", en *The World, the Text, and the Critic*, Cambridge, Mass., Harvard University Press, 1983, pp. 178-225.

43 Cf. Robert SCHOLES, *Textual Power: Literary Theory and the Teaching of English*, New Haven, Yale University Press, 1985.

Se debe tener muy en cuenta que la autoridad, como dice Richard Sennett, es la expresión emocional del poder[44], y también que todo vínculo emocional tiene o puede tener consecuencias políticas y éticas. Además, según asegura Sennett, la palabra *vínculo* tiene un doble sentido. Se trata de una conexión; pero también puede ser una imposición. "Ningún niño podría madurar sin el sentimiento de confianza y protección que procede de su fe en la autoridad de sus padres, pero en la vida adulta se suele temer que los beneficios emocionales de la autoridad conviertan a la gente en esclavos dóciles"[45]. En el fin de siglo, la labor del profesor será, en mi opinión, la de provocar "emociones" en el sentido que le da Aristóteles a esa palabra en *De Anima*, donde hablaba de las emociones como el principio del movimiento en la experiencia humana. "Emoción" viene del latín "movere", y sugiere que lo que sentimos no han de ser sólo sensaciones, sino sensaciones sobre las cuales se reflexiona. Será este proceso lo que permita al alumno actuar en el mundo, alterarlo y cambiarlo; o, por lo menos, ser lo suficientemente crítico como para darse cuenta de que vivimos en una sociedad en la que todo está interrelacionado, que hay una serie de principios interdisciplinares subyacentes, y que el sistema educativo y sus instituciones reflejan nuestro modo de vida actual, que no hay que aceptar tranquilamente sino conocer bien para poder abordarlo. El profesor no sólo ha de transmitir información sino que ha de ayudar al alumno a situarse críticamente en relación con el conocimiento y con el mundo.

---

[44] O, parafraseando a Foucault, de la relación entre conocimiento y poder: "Power and knowledge directly imply one another ... there is no power relation without the correlative constitution of a field of knowledge, nor any knowledge that does not presuppose and constitute at the same time power relations. These 'power-knowledge relations' are to be analyzed, therefore, not on the basis of a subject of knowledge who is or is not free in relation to the power system, but, on the contrary, the subject who knows, the object to be known and the modalities of knowledge must be regarded as so many effects of these fundamental implications of power-knowledge and their historical transformations" (Michel FOUCAULT, *Discipline and Punish*, London, Allen Lane, 1977, p. 145).

[45] Richard SENNETT, *La autoridad*, Madrid, Alianza, 1980, p. 12.

3. La muerte del Sujeto y de la Historia: clones e hipertexto

Quien haya tenido la suerte de dar con un viejo bibliotecario de los de antes, de aquéllos que antaño cuidaban con un cariño exquisito los libros de una antigua biblioteca, habrá notado cómo le brillaban los ojos al enseñarnos un ejemplar del siglo XI, o un manuscrito original del Libro del Buen Amor, o un simple listado salmantino en el que Fray Luis de León estampara su firma como alumno de la vieja Universidad. Frente a todo esto, que no es sino un recuerdo nostálgico ya caduco, encontramos hoy al joven y activo bibliotecario, que, armado con un potente ordenador donde se ha instalado la última versión del MSDOS, un módem y la consiguiente conexión con una compleja red de acceso a todas las bibliotecas del mundo, nos pregunta que le deletreemos el nombre del autor del libro que andamos buscando. Curiosamente, las nuevas bibliotecas han dejado de tener ese olor tan característico que se percibe por ejemplo en la Bodleian o en las zonas más antiguas de la Universidad salmantina. Ya no hay ratones en las bibliotecas, ya no se dan apenas los ininteligibles manuscritos con tachaduras y anotaciones al margen que el autor habría de retomar posteriormente. Los borradores que salen de las maravillosas pero asépticas impresoras láser son tan pulcros que parecen textos preparados ya para la imprenta. No hay arqueología, sólo nacimientos con anestesia.

Pero si en la era de la Tercera Ola, como la ha denominado Alvin Toffler, ha cambiado el modo de acceso al libro, no se han quedado atrás las metamorfosis en cuanto a las formas de escritura y a la figura del autor, el sujeto de esa escritura. Transgredidas las leyes del intelecto más elementales, el autor se convierte en un repetidor de voces, y el libro en una mezcla de técnica y ciencia. El

autor ya no es lo que era. Después de Nietzsche, Heisenberg
Barthes, Foucault, Lyotard, Baudrillard, Derrida, ¿qué queda de lo
Grandes Relatos?, ¿sigue siendo la escritura aquel gesto del cuerpo
por excelencia que exterioriza el pensamiento, los intersticios de l
mente?

Uno de los cambios más espectaculares que puede traer el fin d
siglo (y digo "puede" porque es una tendencia que apenas est
apuntando) es la transformación de un concepto que fue capital e
el Humanismo y que, poco a poco, en la posmodernidad, fu
derrumbándose (o al menos desconstruyéndose): el concepto d
creación. En este sentido, han sido dos los modos en que se h
metamorfoseado esta noción en el fin de siglo: a través del llamad
"hipertexto" y mediante la aplicación de la clonación a los sere
humanos, un último avance de la biología que se hizo público hac
poquísimo tiempo, cuando a finales de octubre de 1993 el equip
del Dr. Jerry Hall (del Centro Médico Universitario George Wash
ington) aplicó a seres humanos las técnicas de clonación (conocida
con anterioridad), que ya la literatura de ciencia ficción había anun
ciado[1]. Como veremos, el hipertexto supone una forma nueva d
"crear" textos, acaso la única forma de creación posible para lo
clones. Y, al mismo tiempo, ambos procedimientos minan la
nociones tradicionales de Sujeto e Historia, que a su vez tambié
habían sido claves de la posmodernidad. La figura del autor se torn
problemática. Del sujeto modernista como centro del mundo a
autor posmoderno, fragmentario, inexistente. De ahí, a su clona
ción. Del papiro a la imprenta. La pluma fue primero una extensió
del cuerpo. Después Kerouac convirtió la máquina de escribir e
parte de un proceso vital. ¿El paso siguiente? La llamada literatur
asistida por ordenador, en la que los textos son de autores colecti
vos: así, desde hace treinta años, el grupo francés Oulipo –"Ouvroi
de Littérature Potetielle– o el grupo ALAMO –Atèlier de Littératu

---

[1] Algunas obras importantes a este respecto son *Un mundo feliz*, de Aldou
HUXLEY (1932); *Nueve vidas*, de Ursula K. LE GUIN (1968); *Donde solían cantar lo
dulces pájaros*, de Kate WILHELM (1976); *La quinta cabeza del Cerbero*, de Gene
WOLFE (1972); *La guerra interminable*, de Joe HALDEMAN (1975); *Regreso a Titán
de CLARKE (1975); *Josua, Son of None*, de Nancy FREEDMAN (1973); *Los niños de
Brasil*, de Ira LEVIN (1976); o *The Cloning of Joanna May*, de Fay WELDON.

re Assisté pour la Mathématiqueet l'Ordinateur"– formado por algunos de los miembros que pertenecieron al grupo anterior, han creado obras literarias en las que no dejan claro, intencionadamente, si son ellos o el propio programa los autores; las revistas electrónicas publicadas en disquetes (destacan *Alire* y KAOS, en Francia, sobre poesía; y *1991 Revista magnética* en España, con el tercer número a punto de salir) y en las que pueden encontrarse textos sonoros, textos animados sobre pantalla, textos de generación automática por ordenador, textos de lectura única que modifican sus propios ficheros en el proceso de su realización; textos, en suma, interactivos que se construyen como resultado de un diálogo entre el autor y el lector por medio de la máquina con la intervención del azar o la combinatoria; las "logicales" de Jean-Pierre Balpe (por ejemplo ROMAN, RENGA y *La mort dans l'âme[2]*); o Robert Coover y los hipertextos, que acaso sean los únicos textos que puedan crear los clones del siglo XXI. Es de esto último, y de sus consecuencias –éticas sobre todo–, de lo que nos ocuparemos aquí.

El creador del término "hipertexto" fue Theodor Nelson en los años sesenta, pero se podría considerar que un artículo de Vannevar Bush publicado en *Atlantic Monthly* (176, July 1945, pp. 101-108) es el pionero, al hablar Bush del "memex", "a device in which an individual stores his books, records, and communications, and which is mechanized so that it may be consulted with exceeding speed and flexibility. It is an enlarged intimate supplement to his memory"[3]. El fenómeno se está desarrollando en diversas universidades norteamericanas, y ya se ha aplicado a la crítica literaria, por ejemplo, el estudio hipertextual que Paul Delany, en la Simon Fraser University, ha hecho de *Joseph Andrews*, de Henry Fielding; o los análisis de las narraciones cortas de Kipling y Lawrence en la Brown University; el Dallas Theological Seminar lo ha utilizado en su *CD Word: The Interactive Bible Library*; Paul D. Kahn lo aplica

---

2 Cf. No me detendré aquí porque de todo esto da cumplida cuenta la sección dedicada a literatura y tecnología de la revista *Intermedia*, núm. 1, enero 1994.

3 Citado por George P. LANDOW, *Hypertext. The Convergence of Contemporary Critical Theory and Technology*, Baltimore and London, The Johns Hopkins University Press, 1992, p. 15.

a la poesía en *Chinese Literature*; y a diversos autores victorianos
en *In Memoriam*, una red hipermediática creada por la Brown Uni
versity. También se han potenciado al máximo los senderos de Bor
ges en *Forking Paths: An Interaction after Jorge Luis Borges*, de
Stuart Moulthrop. Escritores de la talla de Robert Coover se han
interesado por este fenómeno, y empiezan a escribir con hipertextos
o a recrear obras anteriores (por ejemplo "The Babysitter" se adap
taría muy bien). En la Brown University ya se han presentado tesis
doctorales en forma de hipertexto, como la de Barry J. Fishman en
1989.

El hipertexto acerca el mundo de la informática, típico de la
sociedad postecnológica del fin de siglo, al de la teoría crítica literaria de, por ejemplo, Barthes, Derrida, sobre todo; pero también, aun
implícitamente, Bakhtin, Foucault, Kristeva, Eco, Blanchot, y otros,
que siguen caminos abiertos, infinitos, múltiples, sin origen ni fin, y
que se interrelacionan interactivamente a través de redes reversibles
y galaxias de significantes:

> Con el hipertexto, el autor rompe la linealidad del discurso y
> de la narración. No escribe más que fragmentos, unos espa-
> cios textuales unidos entre sí por vínculos no-lineales y no
> jerarquizados. El relato no comienza ni acaba. Está abierto
> en todo momento a bifurcaciones. Resulta imposible tener
> una visión de conjunto del mismo. La referencia se hace
> parcial, la visión queda parcelada, y el sentido resulta frag-
> mentado. Las reglas de la retórica, elaboradas desde Aristó-
> teles, se han vuelto caducas ... el lector no presupone que en
> el hipertexto exista un autor demiurgo, cuya visión creadora
> debía descubrir. Se trata, en definitiva, de una combinatoria
> suavizada en la que el azar no cubriría todo el espacio de un
> dispositivo repartido entre autor y lector[4].

El hipertexto es, pues, multilineal y multisecuencial; sólo se puede
dar en una sociedad que ya ha cambiado la tinta por los códigos

---

[4] Jean CLÉMENT, "Literatura informática. Una panorámica", *Intermedia*, núm. 1,
enero 1994, p. 56.

electrónicos –como diría Baudrillard–, ha pasado de lo "táctil" a lo "digital".

Sin duda, estos cambios son reflejo de las alteraciones que en la sociedad occidental se han producido en este siglo: desde la física cuántica, la entropía (que le llama especialmente la atención a un escritor como Thomas Pynchon), o el principio heisenbergiano de indeterminación, hasta las estructuras disipadoras de la Química o los conjuntos de Mandelbrot, pues, como señala Hayden White, la cultura y la sociedad están, casi sin quererlo, inextricablemente unidas[5]. Esta relación entre sociedad y forma literaria la han destacado, obviamente, muchos autores; así, también aparece en un fragmento del famoso artículo de Virginia Woolf titulado "The Modern Novel" (publicado en *The Common Reader*), donde anuncia que no acepta ni las normas tradicionales de la novela ni las formas de vida anteriores. Equipara constantemente novela y vida, y su rebelión en una implica la revolución en la otra. Y, salvando las distancias, algo semejante se aprecia en las siguientes palabras de Heisenberg: "...las alteraciones en los fundamentos de la moderna ciencia de la Naturaleza son indicio de las alteraciones hondas en la base de nuestra existencia, y que, precisamente por tal razón, aquellas alteraciones que se producen en el campo científico repercuten en todos los demás ámbitos de la vida"[6]. En suma, de lo que se trata es de que la literatura está siempre ligada a la vida, y que refleja, por tanto, los cambios sociales, culturales, políticos o, en el caso del hipertexto, tecnológicos. El hipertexto es típicamente *fin-de-siècle* porque, a pesar de que los medios post-tecnológicos hacen su aparición constantemente en la novela y el arte de fin de siglo (así, la televisión en *Vineland*, el ordenador en *Equal Affections* o el disco compacto –que incluye una selección de música androide y *remakes* de Madonna– en *Spasm* de Arthur Kroker, por citar sólo algunos ejemplos literarios; y, en el campo del arte, la obra de Peter Halley

---

5 Cf. Hayden WHITE, "The Value of Narrative in the Representation of Reality", en W.J.T. Mitchell (ed.), *On Narrative*, Chicago, University of Chicago Press, 1980, pp. 1-2.

6 Weiner HEISENBERG, *La imagen de la naturaleza en la física actual*, Barcelona, Ariel, 1976, p. 5.

o Jenny Holzer[7], entre otros muchos) es la primera vez que se plantea la posibilidad de crear y recrear a partir de la pantalla de un ordenador, a partir de una superficie que más que con la cabeza del ser humano conecta con otras cabezas informáticas, dado que el medio electrónico favorece la fragmentación, la adición, el *collage*. El hipertexto es la forma *fin-de-siècle* de utilizar y dar forma a la información. Es la obra de arte típica de la era de la realidad virtual, del simulacro, de la hiperrealidad (Baudrillard), de la velocidad (Virilio).

El hipertexto es también un "hipermedio", en tanto está formado por palabras, e incluso imágenes y sonidos unidos electrónicamente, igual que hicieran manualmente autores como Calvino, Katz, en literatura; Cobo, Magritte, Kruger o Holzer, en el campo de las artes visuales. La incorporación de elementos no verbales inicia, según Derrida, la desconstrucción de las historias lineales de los libros. Pero, aparte de incorporar imágenes y sonidos, el hipertexto incluye elementos no verbales, visuales, que no están presentes en los medios no electrónicos. Acaso el más conocido sea el cursor, que representa la presencia (¿intrusión?) del autor-lector en el texto. Con el cursor situado entre las letras o entre las palabras el lector/autor tiene la capacidad de cambiar lo que quiera, alterar la ortografía, añadir párrafos enteros. Nuestro contacto con el hipertexto es a través de un teclado, y no mediante el contacto directo. Hay más distancia, por un lado, pero la intrusión puede ser incluso mucho mayor que en un texto "normal". Los elementos visuales del hipertexto nos recuerdan que también el texto los posee, desde los más obvios –como las ilustraciones o los gráficos– hasta otros –como el espacio entre las letras, la distribución de los parágrafos, los cambios de tipografía y formato, los tipos de letra...– elementos

---

[7] La obra de Jenny Holzer es un interesantísimo ejemplo de hipertexto con fines explícitamente políticos ("Put food out in the same place every day and talk to the people who come to eat and organize them", reza uno de sus mensajes). Holzer reconoció hace ya unos años, en una entrevista, que el arte hipermediático e hipertextual es el que mejor refleja la sociedad hiperreal en la que vivimos (Cf. Bruce Ferguson, "Wordsmith. An Interview with Jenny Holzer", *Art in America*, December 1986, p. 114).

éstos que tanto han utilizado los escritores, desde los dadaístas hasta los posmodernos.

El hipertexto es el paso siguiente al que propuso Barthes en su ensayo "De la obra al texto". Estamos aquí ante un texto en sentido barthesiano, pero elaborado en un ordenador y con un infinito número de fuentes de información, nódulos y módems. Las interrelaciones entre los elementos del hipertexto, como entre los del texto de Barthes, son, según señala Hillis Miller, múltiples, no-lineales, no-causales[8]. Miller también afirma que *Glas*, de Derrida, y el ordenador personal aparecieron casi a la vez. Según el crítico de Yale, ambos fenómenos supusieron la desconstrucción consciente de la historia lineal libresca y su sustitución por el hipertexto, multilineal, plurisignificativo. Así, en *De la gramatología*, Derrida declara que el fin de la escritura lineal es el fin del libro convencional, y también al principio de la *Diseminación* comenta, "Fuera del libro", que la forma del libro está sometida a una turbulencia general, y que al alterar dicha forma se desmontará igualmente la forma de la escritura. Y, por su parte, Robert Coover que, aun cuando con el hipertexto la linealidad no desaparece del todo,

> narrative bytes no longer follow one another in an ineluctable page-turning chain. Hypertextual story space is now multidimensional and theoretically infinite, with an equally infinite set of possible network linkages, either programmed, fixed or variable or random, or both ... the reader may now choose the route in the labyrinth she or he wishes to take, following some particular character, for example, or an image, an action, and so on ... [readers] may even interfere with the story, introduce new elements, new narrative strategies, open new paths, interact with characters, even with the author. Or authors[9].

8 Cf. J. HILLIS MILLER, "Literary Theory, Telecommunications, and the Making of History", en *Conference Papers from the International Conference on Scholarship and Technology in the Humanities*, Elvetham Hall, England, May 1990.

9 Robert COOVER, "Endings", conferencia sobre el futuro de la novela impartida en Italia, no publicada. Citado por George P. LANDOW en *Hypertext*, pp. 104 y 105.

Según sigue diciendo Coover, esta propuesta entrópica permite al lector "replace logic with character or metaphor, say, scholarship with collage and verbal wit, and turn the story loose in a space where whatever is possible is necessary". La idea de la ausencia de un orden lineal ya la apuntaron, en un medio no electrónico, novelistas como Walter Abish, B.S. Johnson, Julio Cortázar, Alaisdair Gray o Milorad Pavic. El primero, al subvertir la historia lineal tradicional de los libros en novelas como *Alphabetical Africa* o *In the Future Perfect*; B.S. Johnson con la utilización de agujeros en las páginas del libro o en su *A Novel in a Case*, donde el orden y la forma tradicional del libro se subvierte totalmente al ofrecer la novela en forma de hojas sueltas, sin encuadernar, metidas en una caja, para que el lector las ordene según le plazca; de Cortázar ya se ha hecho famoso el orden alternativo que propone para *Rayuela*; Alaisdair Gray juega con las páginas, las imágenes y las letras en todas sus obras, aunque especialmente espectacular es *1982 Janine*; y en cuanto al escritor serbio, bien conocido es su peculiar *Diccionario* o *La cara interna del viento o la novela de Hero y Leandro*. La narrativa se construye así con la ayuda, no de la sintaxis, que tanto horrorizaba a Nietzsche, sino de la parataxis, que no se produce mediante la secuencia sino mediante la repetición, la dislocación u omisión de elementos, digresiones.

El hipertexto amplía las posibilidades de los textos barthesianos anteriores. El orden paratáctico es infinitamente alterable, ya que el principio, el medio y el fin se ven constantemente alterados por la adición y eliminación de nuevos fragmentos. Así se cumple la definición que Edward Said da de los principios: "a work's beginning is, practically speaking, the main entrance to what it offers ... a *beginning* is designated in order to indicate, clarify, or define a *later* time, place, or action. In short, the designation of a beginning generally involves also the designation of a consequent *intention* ... the beginning is the first point (in time, space, or action) of an accomplishment or process that has duration and meaning. *The beginning, then, is the first step in the intentional production of meaning*". Se trata de una definición hipertextual de los comienzos, sobre todo cuando Said comenta que "we can regard the beginning as the point at which, in a given work, the writer departs from all other works; a beginning immediately establishes relationships with works already xisting, relationships of either continuity or antagonism or some mixture of both"[10]. Tampoco los finales del hipertexto están claros, porque el lector activo puede elegir finales diferentes o ir añadiendo textos-finales infinitamente. En realidad, nunca hay una palabra final, sino que siempre se puede añadir una nueva interpretación. Como dice Derrida en la *Diseminación*, no hay un texto platónico cerrado, completo. En el espacio hipertextual, las experiencias centrales son el descentramiento y la espacialización del orden temporal de la narrativa tradicional. Ya no hay secuencias lineales, ni principios, ni medios, ni finales. La escritura y la lectura, dice Coover, se producen en los intersticios, en las trayectorias "entre" los fragmentos del texto. Las ventanas de la pantalla desplazan a los párrafos o a los capítulos; e incluso "la elegancia del diseño se vuelve tan importante como la elegancia de la prosa"[11].

Como senderos que se bifurcan, en el hipertexto se pasa de un bloque (*lexia*) a otro, por caminos que el autor ha marcado o que el propio lector inventa. Fragmenta y dispersa el texto eliminando su linealidad (el principio único de ordenación) y su unidad (al anular su entidad y las lecturas unívocas). El significado del hipertexto también deja de ser unívoco. Como Alicia, el significante se sienta en el borde del significado, en el *entre* derrideano, en el umbral de Peter Handke. El lector activo puede llamar a la pantalla diccionarios que lleven a cabo análisis morfológicos y que le conecten algunas palabras con derivados, opuestos, homófonos, etc. ¿Será posible hacer otro *Finnegans Wake*, esta vez electrónico?

Otra de las claves del hipertexto es la intertextualidad, y, en consecuencia, la muerte del autor ("El yo que se aproxima al texto es en realidad una pluralidad de otros textos, de códigos que son infinitos", dice Barthes en *S/Z*), el pastiche y la falta de origen y de originalidad. El hipertexto remitirá siempre a un número infinito de textos, en tanto el autor o el lector tendrán acceso a una red de referencias inherentes al texto que quedan más o menos explícitas, pero

---

10 Edward W. SAID, *Beginnings: Intention and Method*, New York, Columbia University Press, 1985, pp. 3 y 5.

11 Robert COOVER, "Ficciones de hipertexto", *La Vanguardia*, martes 15 de octubre de 1991, p. 4.

que serán accesibles gracias al sistema hipertextual. Así, el lector/autor podrá sacar esas fuentes y referencias, esos subtextos, a la pantalla interactiva y otorgarles el mismo estatus que al texto "original". Las "antiguas" notas a pie de página o al final de los textos cumplían en parte este cometido, pero los defensores del hipertexto señalan que el acceso a las fuentes es mucho más sencillo y más rápido con las redes informáticas y que, al otorgarles a las fuentes y referencias intertextuales el mismo estatus que al cuerpo del texto, el hipertexto es menos jerárquico, más democrático. Las notas y el cuerpo del texto ya no pertenecen a lo que Tom Wolfe llama "estatusferas" diferentes. En el hipertexto el centro está siempre cambiando, así que no tiraniza ningún otro aspecto de la red. Aquí se podrían traer a colación las opiniones de Gary Snyder sobre las notas (su versión irónica de las *Notes to "The Waste Land"*), de Derrida sobre los prefacios y de Foucault sobre el comentario.

También hay que destacar que el lector se convierte en autor (como el autor de clones en un dios menor), ya que tiene la capacidad de alterar a su gusto el texto que está leyendo. Esta característica del hipertexto se corresponde perfectamente con la distinción barthesiana entre textos *legibles* y textos *escribibles*. El escritor pierde autoridad sobre su texto: sobre todo, se difuminan los contornos, y es difícil saber dónde empieza o dónde concluye el hipertexto. Como en la filosofía de Nietzsche, no hay ni origen ni *telos*. Como en la *New York Trilogy* de Paul Auster, el autor real se torna parte de la ficción. El autor se mezcla, como las *lexias*, con muchos otros autores. Al escritor no le queda otra salida que decir, como Torrente, *Yo no soy yo, evidentemente*. El autor deja de ser legislador para convertirse en intérprete (Bauman). Su *yo*, como el de Cindy Sherman, se fragmenta. La desaparición del autor tiene que ver con la disolución del aura del arte en la época de la reproducción mecánica, ya anunciada por Benjamin, y con la aparición de la *repetición* y producción en masa como forma artística (Warhol).

La intertextualidad, la citación continua que como lectores vamos creando, hace que se anulen los contextos originales y que las palabras cambien continuamente de entorno, de un modo que, según señala Derrida en "Structure Event Context", es prácticamente ilimitado. El hipertexto se convierte así en un gran *assemblage*, lo que George Landow llama "metatexto" y Theodor H. Nelson, "docuverse". Es evidente que esta técnica ya se utilizaba anterior-mente –y no sólo en literatura sino en todas las artes: Salle, Schna-bel, Lynch, Nyman, Eco, Acker, Levine, Bofill–. Los libros y artí-culos podrían ser ejemplos de hipertextualidad explícita (en un medio no electrónico) mientras que la literatura "culta" sería un ejemplo (también no electrónico) de hipertexto implícito. No obs-tante, lo que sí es cierto es que el *assemblage* y la intertextualidad se pueden llegar a desarrollar muchísimo más en el medio electróni-co, sobre todo por la facilidad y rapidez con que se puede acceder a los textos-referentes.

Así, el hipertexto une un número infinito de textos que van apa-reciendo en pantalla cuando lo solicitamos, sin que por ello desapa-rezca el texto inicial. En ese espacio no lineal y no secuencial de lectura y escritura, aparece una red de infinitas interconexiones posibles únicamente gracias al ordenador. El lector se libra de la dominacion del autor y se convierte él mismo en autor: ambos son "coaprendices" a la hora de ir creando las relaciones entre los ele-mentos del texto. El lector va transformando los enlaces entre los textos a su libre arbitrio, sin reglas preestablecidas e incluso, si así lo desea, al azar[12]. Esto se aprecia por ejemplo en "Hotel", uno de los experimentos que hizo Coover con sus alumnos en el taller de narrativa. Se trataba de un espacio de ficción colectiva:

> En él, tenían libertad para abrir nuevas habitaciones, nuevos pasillos, nuevas intrigas, desenlazar textos o crear nuevos enlaces, entrar o subvertir los textos de los demás, alterar trayectorias, manipular el tiempo y el espacio, entablar diá-logos por medio de personajes inventados, matar a continua-ción los personajes de los demás ... Así, por ejemplo, era posible el caso de un hombre y una mujer que se conocen en el bar del hotel, entablan cierta relación sexual y que, cuan-do vuelven al mismo lugar unos pocos días más tarde, des-cubren que ambos han cambiado de sexo. En un momento dado, empieza a aparecer más de un camarero, lo cual crea cierta confusión en el lector ¿se trata del mismo bar o no?

[12] El carácter interactivo de estos medios anima a intervenir: véase Estrella DE DIEGO, "Transrealidad: ver, oír, tocar", *Revista de Occidente, La realidad virtual*, núm. 153, febrero 1994, pp. 7-24.

Uno de los estudiantes respondió uniendo a todos los camareros con la habitación 666, a la que llamó "centro de producción", en el que un monstruoso extraterrestre prisionero
da a luz a camareros a medida que se van necesitando ... La
diferencia entre leer hipernarrativa y leer narrativa impresa
de modo tradicional –dice Coover citando a dos autoras de
ficción hipertextual– equivale a la diferencia entre hacerse a
la mar en pos de islas desconocidas y quedarse en la escolle-
ra contemplando. Una cosa no es necesariamente mejor que
la otra[13].

Y al describir cómo funcionan los talleres de narrativa hipertextual
comenta: "Al principio hubo bastante resistencia, tanto por mi parte
como de parte de los alumnos, aunque al final acabamos descu-
briendo que el hiperespacio era un medio estimulante y provocador,
si bien, a menudo, frustrante para la creación de nuevas narrativas;
un espacio potencialmente revolucionario, capaz, tal como lo anuncia, de transformar el arte de la ficción, por más que ahora, en estos
primeros tiempos, todavía permanezca en los remansos, alejado de
la corriente principal"[14].

El hipertexto encaja perfectamente dentro de una filosofía "edi-
ficante", al estilo de Rorty (*La filosofía y el espejo de la naturaleza*); en la hermenéutica de Gadamer; en el segundo Wittgenstein; en
la perplejidad de Muguerza; en la Teoría de la Recepción; en el
"pensamiento débil" de Vattimo; o en las ideas de Deleuze sobre el
conocimiento, que según él sólo es aprehensible en términos de lo
que llama "centros nomádicos", es decir, estructuras provisionales y
nunca permanentes que van cambiando de una red de información a
otra. El hipertexto no permite la existencia de una voz unívoca. Prefiere la *aletheia* heideggeriana a la *veritas*. La concrescencia whiteheadiana, el proceso olsoniano, la espontaneidad de Kerouac, el
momento de Creeley, el Expresionismo Abstracto de Pollock, la
improvisación del Jazz o el piano preparado de Cage. Naturalmente,
los conceptos de *centro* y *estructura* ya no tienen cabida en el
hipertexto, sino que más bien se adopta el punto de vista que Derri-

---

13 Coover, "Ficciones de hipertexto", p. 5.
14 *Id.*

da ofrece en "Structure, Sign and Play in the Discourse of the Human Sciences".

El hipertexto se fija en lo marginal. Como hemos dicho al hablar de la relación notas-texto, no hay un discurso principal y otro secundario, ni un autor con autoridad que le diga al lector cuál es la interpretación válida del texto, sino que en el hipertexto el texto "principal" no es ni más ni menos que el que estamos leyendo en este momento. El hipertexto quiere demostrar que el margen tiene tanto que ofrecer como el centro, y que lo que es "central" o "más importante" depende de cada lector. Esta actitud hace variar radicalmente la jerarquía canónica tradicional, en tanto, de un modo similar a las novelas de Kathy Acker por ejemplo, se pueden llegar a equiparar textos o autores que el canon tradicional jamás consideraría iguales. Así, esta situación recuerda la importante pregunta de Foucault, antes mencionada: "¿Quién habla?", y su relación con el poder.

El hipertexto cuestiona así la validez de los cánones literario y artístico tradicionales, y aboga por una mayor interrelación entre los textos de la "alta" cultura y de la cultura popular. El hipertexto cuestiona igualmente la asunciones tradicionales sobre el papel del profesor, del alumno y de las instituciones. Altera los papeles de unos y otros paralelamente a como altera los de escritor y lector. En efecto, de la misma forma que el lector pasaba a ser un lector activo, el alumno se convierte en participante activo en interacción con la información. El hipertexto desautoriza al autor, descentraliza el poder, disemina el conocimiento, multiplica el número de interpretaciones posibles, confiere más poder al alumno y le permite acceder a las bibliografías y fuentes de referencia para el curso en el que esté matriculado de una forma mucho más fácil y rápida que con los métodos tradicionales. Según George Landow, también permite que los alumnos tengan acceso a información de niveles diferentes, y que el material que haya recopilado el alumno en el pasado se pueda utilizar en otros contextos y por otras personas. El hipertexto favorece así la interdisciplinariedad, la colaboración interdepartamental, la presencia –aun virtual– de profesores de otras disciplinas, la curiosidad investigadora y la capacidad de interrelación del alumno y la posibilidad de trabajar con materiales que están en una determinada institución sin estar realmente presente allí. Son

hechos que, evidentemente, se daban también en el sistema tradicio
nal no electrónico; pero, según los defensores del hipertexto, esas
situaciones se favorecen, por la rapidez y facilidad de acceso al cor
pus de información, con la utilización del hipertexto. El hipertexto
cambia igualmente las formas de evaluación. Al parecer, lo que en
ese caso se tendría más en cuenta es la capacidad de relacionar que
tenga el alumno, la síntesis personalizada de la información y el
desarrollo de un pensamiento crítico. De ahí que el profesor haya de
estar dispuesto a aceptar en algunos casos la posibilidad de que
existan varias respuestas "correctas" para una cuestión determinada.

En el capítulo doce de *La condición posmoderna*, Lyotard seña
la que al universitario se le debería exigir un buen nivel en el cono
cimiento de los ordenadores, y añade que sólo en aquellos contex
tos en los que todavía priman las "grandes narrativas" se considera
intolerable la sustitución parcial de los profesores por las máquinas.
Y, por su parte, Hillis Miller señala que "one important aspect of
these new technologies of expression and research is political.
These technologies are inherently democratic and transnational.
They will help create new and hitherto unimagined forms of demo
cracy, political involvement, obligation, and power ... Far from
being necessarily the instruments of thought control, as Orwell in
1984 foresaw, the new regime of telecommunications seems to be
inherently democratic. It has helped bring down dictator after dicta
tor in the past few months"[15].

Hoy, en efecto, son muchos los autores (con minúscula) que han
decidido abrir las puertas a la tecnología. Así, Italo Calvino comen
ta que "Me parece que es un error desdeñar toda novedad tecnológi
ca en nombre de los valores humanísticos en peligro. Pienso que
cualquier nuevo medio de comunicación y difusión de las palabras,
de las imágenes y de los sonidos puede fomentar nuevos desarrollos
creativos, nuevas formas de expresión; y pienso que una sociedad
tecnológicamente más desarrollada podría ser más rica en estímu
los, elecciones, posibilidades, instrumentos diversos y tendrá, siem
pre, necesidad de leer, de cosas que leer y de personas que lean"[16].

---

[15] J. HILLIS MILLER, "Literary Theory", pp. 20-21.

[16] Italo CALVINO, "El libro, los libros", en *Quimera*, núm. 49, p. 17.

Precisamente su novela *Si una noche de invierno un viajero* podría ser un anuncio claro de hipertexto, una predicción, aún en soporte material, de un texto interactivo. El autor, los autores, que aparecen en la novela están sometidos a continuos cambios, falsificaciones, copias, espejismos. El autor es sólo un nombre en la portada, tiene la misma realidad que sus personajes. El autor es un punto invisible del cual vienen los libros, un vacío recorrido por fantasmas, un túnel subterráneo[17]. *Si una noche de invierno un viajero* es un avance de la narración múltiple, sin autor definido, que crearán las literaturas de los clones. No se trata de derrotar a los autores sino la función del autor, la idea de que detrás de cada libro hay alguien que garantiza una verdad a ese mundo de fantasmas e invenciones por el mero hecho de haberles transferido su propia verdad. Como Ermes Marana, el clon sueña "con una literatura toda de apócrifos, de falsas atribuciones, de imitaciones y falsificaciones y pastiches. Si esta idea conseguía imponerse, si una incertidumbre sistemática sobre la identidad de quien escribe impedía al lector abandonarse con confianza –confianza no tanto en lo que se le cuenta como en la voz silenciosa que cuenta–, quizá el edificio de la lectura no cambiaría externamente en nada... pero debajo, en los cimientos, allá donde se establece la relación del lector con el texto, algo cambiaría para siempre" (p. 179). El autor desea anularse ("¡Qué bien escribiría si no existiera!", p. 191), no para ser el portavoz de algo definible, sino "para transmitir lo escribible que espera ser escrito, lo narrable que nadie cuenta" (p. 191). En *Si una noche de invierno un viajero*, un editor japonés se ha hecho con una fórmula para escribir tantas novelas inéditas del escritor Silas Flannery como desee: "retraducidas al inglés (o mejor dicho, traducidas al inglés del cual se finge que han sido traducidas), ningún crítico podría distinguirlas de las auténticas de Flannery". La noticia de esa diabólica estafa transtorna al autor pero también siente una "trepidante atracción por esas falsificaciones". Reconoce que son "vulgares imitaciones, pero al mismo tiempo contendrían una sabiduría refinada y arcana de la cual los auténticos Flannery carecen por completo" (p. 199). El autor de la novela hipertextual acaba convirtiéndose en "un personaje ficticio que el autor existente inventa

---

[17] Cf. *Si una noche de invierno un viajero*, Madrid, Siruela, 1989, p. 116.

para hacer de él el autor de sus ficciones" (p. 200). Y el lector será como la Lectora Lotaria, quien explica que "una computadora debidamente programada puede leer una novela en unos minutos y registrar la lista de todos los vocablos contenidos en el texto, por orden de frecuencia. Puedo disponer así en seguida de una lectura ya llevada a término –dice Lotaria–, con una economía de tiempo inestimable. ¿Qué es la lectura de un texto sino el registro de ciertas repeticiones temáticas, de ciertas insistencias en formas y significados? La lectura electrónica me proporciona una lista de las frecuencias, que me basta hojear para hacerme una idea de los problemas que el libro plantea a mi estudio crítico. Naturalmente, en las frecuencias más altas están registradas sartas de artículos, pronombres, partículas, pero no fijo mi atención en eso. Apunto en seguida a las palabras más ricas en significado, que me pueden dar una imagen del libro bastante concreta" (p. 207).

No hay origen. El escritor no es sino un recreador. La máquina puede producir miles de poemas y narraciones. ¿De cuál es autor el autor? ¿o es el lector quien debe decidirlo? La literatura automática, la ficción interactiva, sin autor, con infinitos senderos que se bifurcan, ¿es realmente literatura?, ¿puede contestar, siendo como es un mero pastiche, al Orden del Discurso (en el sentido foucaultiano)?, ¿no es esa combinación aleatoria y múltiple de elementos, esa generación automática de las cosas, un azar que favorece al orden dominante?, ¿o es el hipertexto una operación más democrática al ser el lector quien lo escribe mediante sus infinitas elecciones de lectura, mediante sus enlaces de páginas-pantalla?

Hay que plantearse, pues, las consecuencias éticas de estos avances, que sin duda pueden ser peligrosos, en tanto controlan y manipulan la *identidad*, cuya concepción determina a su vez, directa o indirectamente, las formas de vida. En nuestro siglo, el modo de abordar el *yo* ha dependido en gran medida de los avances técnicos y científicos: por ejemplo, en el modernismo, la influencia de la máquina dio lugar a una rapidez en las comunicaciones que contribuyó a que el ser humano se sintiese feliz (Futurismo) o abrumado (Pound, Woolf, Eliot, Conrad), y, como consecuencia, a que, especialmente los artistas, se empeñasen en configurar en sus obras un todo coherente, y que por tanto las obras de arte y las novelas fuesen "about the writer's self", como dijo Virginia Woolf.

En el posmodernismo, en cambio, parece que el ser humano ya ha aceptado la inevitabilidad de la rapidez, fragmentación e incoherencia del mundo exterior. Como señalaba Benjamin, la técnica (en su caso la prensa escrita) facilitó la aparición de multiplicidad de puntos de vista, que los lectores se convirtiesen en escritores, que las diferencias entre autor y público fuesen cada vez menores. Según observó Sartre, un fenómeno sin precedentes. El artista deja de ser "a god pairing his fingernails" (Joyce) para convertirse en mediador, en intérprete pero no legislador, en alguien que sólo es capaz de preguntar, no de responder. Una vez se aclara que la propia ciencia deja de ser fiable –a partir del Principio de Incertidumbre que ya Heisenberg enunciara, y posteriormente con las estructuras disipadoras de Prigogine y los conjuntos de Mandelbrod– reina el azar y la entropía. Frente a la respuesta elitista del artista moderno a la técnica, el hombre posmoderno acepta los avances de la post-tecnología, aun a sabiendas de que dicho progreso técnico no corre necesariamente paralelo al progreso ético, y consciente también de que la técnica le va, poco a poco pero irreversiblemente, disolviendo como persona.

Si por un lado esta situación favorece –como hemos visto que ocurre en el caso de los hipertextos– la aparición de un sujeto más tolerante, más abierto, más dispuesto a no considerarse el centro del mundo y a buscar "AN ALTERNATIVE TO THE EGO POSITION" (Olson), dicha disolución también puede llegar a ser peligrosa, porque poco a poco se ha ido eliminando a lo largo de la segunda mitad del siglo XX la idea de *creación*, de *originalidad*, del autor capaz de ser origen de su obra: "There is no 'I' left for any of us. The great 'I' has fled ... only the clones remain, staring"[18]. En efecto, los increíbles avances de la técnica en el fin de siglo han llevado a la práctica esa "muerte del sujeto" que la filosofía posmoderna –desde Foucault y Barthes– se atreviera a enunciar: con la clonación, el ser humano ya no es algo único e irrepetible[19], y sus

---

18 Fay WELDON, *The Cloning of Joanna May*, Glasgow, Fontana, 1989, p. 61.

19 "While she was opened up we took away a nice ripe egg; whisked it down to the lab: shook it up and irritated it in amniotic fluid till the nucleus split, and split again, and then there were four. Holly thought we could have got it to eight, but I said no. Growth begins so quickly: there wasn't time. A truly vigorous egg, that one."

creaciones tampoco; son meros hipertextos que, como sus autores, se "crean" con ayuda de ordenadores:

> I proved then you were nothing so particular after all, and that, to be frank, is when I lost interest in you. I proved it by making more of you, and the more I made of you the less of you there was[20].

Todavía no se ha logrado del todo, pero acaso con el tiempo el hombre pueda llegar a producir en masa seres humanos y sus creaciones, según ha comentado el biotecnólogo Jeremy Rifkin[21]; acaso mediante el triunfo de procedimientos como el BABI, desarrollado por el equipo del Dr. Mark Huhes en Houston, se puede llegar a seleccionar un embrión por ser el mejor, el más perfecto; el hombre puede tener la "facultad" de repetirse indefinidamente, igual que se puede repetir hasta el infinito un hipertexto en un ordenador. Una madre podría querer "crear" un hijo con su misma estructura genética; un hombre de negocios podría hacerse de oro con una buena "base" de embriones de "calidad" congelados[22]. Cabe preguntarse si el hipertexto es en realidad más democrático; si la clonación, al cuestionar el papel jerárquico de Dios, del Origen, del *Arché*, como queramos llamarlo, cuestiona en efecto los papeles autoritarios tradicionales o representa una forma mucho más sutil de ejercicio del poder.

> Odd how the notion kept reasserting itself -that what one clone knew, would be known by all: what one felt, the others would feel; that to make clones was to create automa-

---

We kept embryos in culture for four whole weeks, had four nice healthy waiting wombs at hand and on tap, for implantation. All four took like a dream: there they grew until they popped into the world, alive and kicking and well. Four nice assorted ladies, desperate for babies, got four very pretty little girls: like Joanna clones" (*Ibid.*, pp. 45-46).

[20] *Ibid.*, p. 140.

[21] Citado por Jerry ADLER, "Clone Hype", *Newsweek*, 8 November 1993, p. 44.

[22] Cf. Philip ELMER-DEWITT, "Cloning: Where Do We Draw the Line?", *Time*, 8 November 1993, pp. 33-38.

tons, men without soul -soldiers, servants, deprived of will, decision[23].

Como bien señala Rosalind Krauss en un ensayo ya clásico, "The Originality of the Avant-Garde", es la *novedad*, como nacimiento a partir de la nada, como metáfora orgánica que se refiere a las fuentes de vida, uno de los rasgos más típicos de la modernidad, que insiste así en el sujeto creador y en lo nuevo (Baudelaire, Pound, Marinetti, Malevich, Newman, entre otros muchos). El posmodernismo, en cambio, apunta ya esas derivaciones (clones e hipertextos) del fin de siglo: al reconocer, al menos desde la filosofía, la muerte del sujeto, disuelve la idea de creación y favorece técnicas narrativas y artísticas, ya mencionadas a propósito de los hipertextos, como la copia, la repetición, la intertextualidad, la citación, la parodia, el pastiche. ¿Serán ésas las únicas técnicas que los clones sean capaces de utilizar? Sherrie Levine, por ejemplo, hace fotografías de fotografías que cuestionan los conceptos de origen y originalidad. Kathy Acker copia, parodia, el *Quijote* o *Great Expectations* para negar así la autoridad de los grandes maestros de la Historia. Y unos años antes, Barthes comentaba en *S/Z* que el adjetivo "realista" no se debería aplicar a aquel que copia directamente de la naturaleza, sino al que hace un pastiche, al que crea una copia de una copia. Crear es, tanto en el caso de los hipertextos como de los clones, remitir de un código a otro, y no de un lenguaje a un referente: el realismo no consiste en copiar lo real sino en hacer una copia de una copia de lo real. Lo real es plagio antes que copia, pues es mímesis secundaria, copia de lo ya copiado. La idea de creación se torna así tan obsesiva como imposible; la creación como reevocación, copia verosímil, ilusoriamente "verdadera" de la realidad representada[24]. Por eso un teórico marxista como Terry Eagleton se lamenta (en *Against the Grain*) de que no hay nada que reflejar, no hay realidad alguna que no sea, en sí misma, ya imagen, espectáculo, simulacro, ficción gratuita. Frente a la originalidad modernista del ser humano, la disolución posmoderna del mismo y,

---

23   Fay WELDON, *The Cloning of Joanna May*, p. 103.
24   Cf. Umberto ECO, *La estrategia de la ilusión*, Barcelona, Lumen, 1986, pp. 17 y 19.

en el fin de siglo, la repetición del hombre como clon y de sus crea
ciones como hipertextos. En la era de lo hiperreal, triunfan la
*re*lecturas, en tanto la simulación, según comenta Baudrillard e
Cultura y simulacro, no corresponde a una referencia sino que es l
generación de algo sin origen. Se retorna al pasado parodiándolo
Se deja de creer, con razón, que el progreso técnico correrá parejo
un progreso de nuestra felicidad:

> I am horrified, I am terrified, I don't know what to d
> with myself at all, whatever myself means now. I don'
> want to meet myself, I'm sure. I would look at myself wit
> critical eyes, confound myself. I would see what I don'
> want to see, myself when young. I would see not immorta-
> lity, but the inevitability of age and death. As I am, so they
> will become. Why bother? Why bother with them, why bot-
> her with me? What's the point? I can't bear it. I have to bear
> it. I can't even kill myself -they will go on. Now night will
> never fall. (pp. 157-158).
>
> Well, there was a kind of pride in that, Angela. It was
> my singularity. He has taken away my singularity. He has
> shovelled all these bits and pieces at me, and I hate it (p.
> 166).
>
> Perhaps what Dr. Holly took away from me at the Buls-
> trode Clinic was not so much my identity, as my universa-
> lity. He made me particular, different from other women: he
> turned me into someone of scientific interest. Worse, he
> stole my soul, the thing that threads me through and back to
> the human race...[25]

Como confirmación última, y acaso irreversible, de las teorías
anunciadas por Benjamin o Heidegger, los hipertextos y los clones
destruyen el aura del arte y decepcionan todas las certezas del sujeto humanista, en tanto reemplazan lo real por los signos de lo real,
el contenido por la apariencia y la Historia por la auto-referencia.

La Historia es, en efecto, otra de las categorías que "caen" con
el posmodernismo (como consecuencia de la muerte del sujeto y de
los avances científicos) y que después se renacen con el fin de siglo.

[25] *Ibid.*, pp. 157-158, 166 y 264.

Se relaciona también con esa pérdida de originalidad antes mencionada y con las consiguientes técnicas artísticas y literarias de ella derivada. De ahí que Derrida comente en la *Gramatología* que la palabra "historia" siempre ha estado asociada a la noción de *presencia*; o, como señala en *Posiciones*, no hay una sino múltiples historias, indefinidas, infinitas. La historia es la función de cada uno de nosotros, dice Olson: frente a *History, his-story*. La historia como, simplemente, un modo de ordenar la experiencia, leemos en *The Special View of History*. La disolución del sujeto "fuerte" hace que el *yo* no tenga autoridad para dar forma ordenada y coherente a los acontecimientos, porque ésa sería una de las muchas perspectivas posibles. Por eso no se puede hablar de Historia con mayúsculas, sino que se prefiere la intertextualidad, el pastiche, la parodia, que no surgen del autor ni de su autoridad –hoy inexistentes– sino de la antijerarquización, de la whiteheadiana "la filosofía del organismo", del "tropismo" de Hayden White o de los ataques al sujeto "fundador" que ya Kristeva y sus colegas de *Tel Quel* emprendieron a finales de los sesenta y que han recogido en plena posmodernidad artistas como la mencionada Levine y otros, entre ellos Sherman, Arakawa, Cage, Rivers, Wesselman, Salle, Bofill, y novelistas tan diferentes entre sí como Acker, Torrente, Eco, Barthelme, Barth, Metcalf, y otros. Son libros que hablan de otros libros; cuadros que remiten a otros cuadros; construcciones que recuerdan otras arquitecturas; composiciones que parodian a los grandes maestros de la historia de la música. Con el fin de la historia, a lo Fukuyama, se cuestiona el origen y la originalidad y se anula la presencia y la autenticidad.

En el fin de siglo, con el renacimiento de los nacionalismos, parece que florezca de nuevo también la historia. Pero nunca con mayúscula, intentando recordar continuamente unas preguntas foucaultianas por naturaleza: ¿quién escribe? y ¿para quién?

No obstante, cabe igualmente en el fin de siglo un renacimiento de la historia muy peligroso, con la xenofobia, los fundamentalismos y el neo-nazismo, movimientos a su vez ligados al florecimiento de un sujeto falsamente "fuerte". En la sociedad del espectáculo (Debord), donde el sujeto puede llegar a ser un clon, la historia podría tornarse pura transmisión eléctrica, bombardeos de imágenes, paquetes de productos listos para consumir. Podemos llegar, con los avances de la tecnología, a que se cumpla la sospecha de Edward Said, que deje de existir la memoria colectiva y que, en vez de fondo, haya únicamente pantalla. Podemos llegar a olvidar cómo recordar. Con estos dos nuevos descubrimientos tan recientes, clones e hipertextos, parece que *la repetición*, y no el progreso lineal, sea la condición de la historia y de la identidad. ¿Tendremos que, como los clones, recurrir a los bancos de datos de los hipertextos para seguir adelante con la historia? Y, en este sentido, en el "espacio vacío que queda tras la desaparición del autor" (Foucault) ¿es políticamente correcto recordar sólo pasivamente?

Se plantea la pregunta de si todavía es posible crear, si la acumulación y mezcla de datos en un ordenador dará lugar a algo nuevo, a un avance en el conocimiento, o si simplemente habremos de conformarnos con el mero juego, a veces paródico y cargado de cinismo, con esos datos. Dicho de otro modo, ¿seremos capaces de generar conocimiento o nos quedaremos en la mera información? ¿Es posible, como predica Douglas R. Hofstadter en su libro ya clásico *Gödel, Escher, Bach*, la mecanización de la creatividad, es decir que los Sistemas de Inteligencia Artificial sustituyan al autor? ¿Acabarán siendo virtuales los sentimientos?[26] ¿Será el ordenador

---

[26] En cierto sentido, esto está empezando a ser ya una "realidad" (¡virtual!), en tanto el llamado *cybersex*, sexo por ordenador o virtual, está a la orden del día con las líneas del 903 o sofisticadísimos programas como el *Macplaymate*. Ya es posible comprar videojuegos sexuales, mantener conversaciones eróticas a través del ordenador (como con el programa "Puerta Trasera", con mil novecientos suscriptores en Estados Unidos; también cabe destacar en este sentido la revista norteamericana *Future Sex*, dedicada al sexo por ordenador) o participar virtualmente en una orgía multitudinaria con sólo tener un casco estereoscópico, unos guantes especiales, un CD y unos auriculares (en "Demolition Man", por ejemplo, Sylvester Stallone y su chica tienen un orgasmo "por cable" sin ni siquiera tocarse). De hecho, por sólo noventa y nueve dólares se puede introducir en el ordenador a Valerie –la primera pornoestrella del cybersex y la más conocida en Estados Unidos– y pasar con ella todas las noches que se quiera. Gracias al programa "Valerie Virtual" se practica el sexo de forma cómoda, segura y diferente. Con sólo apretar un botón, "la voluptuosa Valerie –una mujer con 'look' de cómic pero extremadamente sensual– se quita el sujetador y las bragas, se masturba vigorosamente e invita al espectador a que pase a su habitación. Allí, éste puede elegir entre una amplia gama de posibilidades con las que satisfacer a Valerie, quien gemirá orgásmicamente sin dejar de contonearse. Al parecer son muchos los hombres que alcanzan altas cotas de placer con esta chica de

a nueva biblioteca borgiana? ¿Será el autor un copista que, como Pierre Menard y antes que él Borges y anteriormente Cervantes, inventa a un copista que a su vez inventa a otro copista? ¿Acabará siendo como el misterioso autor de esa breve pero exquisita historia de Borges llamada "Borges y yo"? Hay muchas más preguntas en el aire, por supuesto: si el autor acabará siendo un clon warholiano; si es posible que haya un desplazamiento de la estructura autor-texto-lector en la que cambien las relaciones de autoridad y de poder[27]; o por el contrario, si un invento que nació como antijerárquico y democrático[28], para darle igual importancia a todos los textos, no acabará dejando paso a la obsesión por seleccionar el mejor embrión, o si no nos haremos de oro vendiendo bases de embriones de textos congelados.

dibujos animados. ¿Será porque es dócil, ardiente, sensual, dispuesta a complacer todos sus caprichos?" (Carys BOWEN-JONES y Ana SANTOS, "Cybersex. Orgasmos por ordenador", *Marie Claire*, abril 1994, p. 72).

[27] Según propone Jean-Pierre Balpe en la entrevista que le hace Orlando Carreño (*Intermedia*, núm. 1, p. 44).

[28] El propio Coover apunta que "Si el autor es libre de llevar una historia a cualquier sitio y a cualquier tiempo, en todas direcciones que desee, ¿no se convierte dicha libertad en la obligación de actuar de esa manera?" ("Ficciones de hipertexto", p. 5).

4. En el fin fue el lenguaje

Igual que nadie ha estado nunca en Uqbar, el mundo de nuestro fin de siglo es una biblioteca borgiana llena de libros imaginarios, libros que no existen, libros simulados por autores sin autoría ni autoridad que saben que el universo es una nueva Babilonia, infinito juego de azares, una región, Mlejnas, ilusión, sofisma. Como en Tlön, en nuestro mundo del fin de siglo no hay razonamientos; la filosofía es un juego dialéctico que no busca la verdad sino el asombro. Como en Tlön, la metafísica es una rama de la literatura fantástica; y la historia del universo, la escritura de un dios subalterno. Igual que el protagonista de "Las ruinas circulares", comprendemos con alivio, con humillación, con terror, que en el fin de milenio no somos sino apariencias. Comprendemos que otro nos está soñando. Como Shakespeare, sabemos que todo son palabras, palabras, palabras. Como Mallarmé, que todo acaba en un libro. Como Heidegger, que es la palabra la que otorga la venida en presencia al ser. Como Wittgenstein, que el lenguaje es el vehículo del pensamiento. Como Lacan, que es el lenguaje el que crea al sujeto. Y, como Peter Handke, que el lenguaje es un medio para sobrevivir.

La Biblioteca es infinita, a pesar de la existencia de un espejo que duplica ilusoriamente las apariencias. La desesperación del escritor surge en cuanto intenta transmitir a los otros el infinito aleph, ese punto del espacio que contiene todos los puntos, el lugar donde están sin confundirse todos los lugares del orbe vistos desde todos los ángulos, el lugar donde se encuentran todos los veneros de luz. Los hombres peregrinan en busca de un libro, acaso el catálogo de catálogos. Pero en vano. La Biblioteca incluye todas las estructuras verbales. Todas las combinaciones de caracteres están previstas.

Y esa certidumbre de que todo está escrito anula al autor. El creador
del *Quijote* es Pierre Menard. La Biblioteca es un jardín de senderos que se bifurcan. Es un jardín de laberintos, de novelas caóticas
porque libro y laberinto son una sola cosa. Como los libros de Ts'ui
Pên, en las novelas de esa Biblioteca ocurren todos los desenlaces
cada uno como punto de partida para infinitas bifurcaciones, como
una eterna adivinanza que se nos ofrece en tiempos convergentes y
paralelos. El vertiginoso mundo multiforme de Funes el memorio-
so. El ser del fin de siglo vive entre las líneas, en las erratas, en las
repeticiones. Es al otro a quien se le ocurren las cosas. Nuestro otro
existe en un diccionario biográfico. Vivimos, nos dejamos vivir, por
las tramas literarias. La literatura nos justifica,

> pero esas páginas no me pueden salvar, quizá porque lo
> bueno ya no es de nadie, ni siquiera del otro, sino del len-
> guaje ... Por lo demás, yo estoy destinado a perderme, defi-
> nitivamente, y sólo algún instante de mí podrá sobrevivir en
> el otro. Poco a poco voy cediéndole todo, aunque me consta
> su perversa costumbre de falsear y magnificar ... Yo he de
> quedar en Borges, no en mí (si es que alguien soy), pero me
> reconozco menos en sus libros que en muchos otros o que
> en el laborioso rasgueo de una guitarra. Hace años yo traté
> de librarme de él y pasé de las mitologías del arrabal a los
> juegos con el tiempo y con lo infinito, pero esos juegos son
> de Borges ahora y tendré que idear otras cosas. Así mi vida
> es una fuga y todo lo pierdo y todo es del olvido, o del otro.
> No sé cuál de los dos escribe esta página[1].

¿Cómo creamos y somos creados por el lenguaje?; ¿cuál es el
poder de la interpretación del lenguaje?; ¿cómo ejercemos poder a
través del lenguaje?; ¿qué realidad debe representar el acto de nombrar?; ¿quién controla el significado?, ¿los políticos? ¿el mundo del
consumo y de la publicidad? El lenguaje es el arma más sutil del fin
de siglo. Enmascara el pensamiento, convierte la realidad en simulacro y produce un encantamiento en nosotros, incapaces de distinguir entre aseveraciones falsas y verdaderas. Nos guiamos por la

---

[1] Jorge Luis BORGES, "Borges y yo", *Obras completas*, Barcelona, Emecé, 1989,
Tomo II, p. 186.

magen y por lo que mejor suena. Tras el significante no hay nada.
O, mejor, según señala Foucault a propósito de un cuadro de
Magritte, debajo del viejo espacio de la representación no queda
nada. El lenguaje no es más que una piedra lisa.

Es la losa de una tumba: las incisiones que dibujan las figuras y
las que han marcado las letras sólo comunican por el vacío, por ese
no-lugar que se oculta bajo la solidez del mármol ... anuda los signos verbales pero sin dedicarse a las cuestiones previas de una iso-
topía; esquiva el fondo de discurso afirmativo en el que descansaba
tranquilamente la semejanza; y pone en juego puras similitudes y
enunciados verbales no afirmativos en la inestabilidad de un volu-
men sin puntos de referencia y de un espacio sin plano[2].

¿No podría describirse así el lenguaje de muchas campañas
electorales? ¿No es a veces responsable el poder de discursos que se
derraman en el vacío? ¿Hay siempre relación entre las palabras y
las cosas? A la hora de elaborar criterios de verdad, ¿no nos guiamos en ocasiones por la capacidad que el lenguaje tiene de seducir-
nos? ¿Y qué es lo que nos seduce? ¿el significado o la significancia
barthesiana? ¿No son las palabras las que sostienen el tiempo y el
espacio, la historia y la realidad? ¿Es cierta la afirmación de Benjamin, que "la cantidad de significado está en proporción exacta a la
presencia de la muerte y al poder de la descomposición"? ¿Estamos
en la era "post-lingüística" que describe Steiner? ¿Nos dejamos llevar por el lenguaje que Barthes llama "encrático", aquél que se produce y se extiende bajo la protección del poder? ¿Nos ayuda el lenguaje a recordar? ¿o nos ayuda a olvidar lo que teníamos que
recordar? ¿Qué es lo que realmente habla, el lenguaje o el foucaultiano silencio de "lo Otro"? Se puede pensar todo lo que se piensa;
se puede decir todo lo que se dice; pero ¿se puede decir todo lo que
se piensa? ¿Queremos escribir el pensamiento que se nos escapa o,
en realidad, como Pascal, escribimos que se nos escapó? ¿El lenguaje es comunicación o canto barthesiano[3]? Recordando a Caperu-

---

[2] Michel FOUCAULT, *Esto no es una pipa. Ensayo sobre Magritte*, Barcelona,
Anagrama, 1989, pp. 61 y 79-80.

[3] "El canto es el suplemento precioso de un mensaje vacío, enteramente contenido en su intención, puesto que lo que regalo cantando es a la vez mi cuerpo (a través
de mi voz) y el mutismo con que lo golpeas. *El canto no quiere decir nada*: por eso

cita, hablamos bajito para inventar farfanías[4]. Recordando a Casandra, nos contamos, pero el lenguaje nos va convirtiendo en ficciones. Encontrar el verdadero lenguaje significa desgarrarnos de dolor: y hasta entonces "sólo los bramidos y las órdenes y los gemidos y los síseñor de los que obedecen"[5]. "El lenguaje disfraza el pensamiento", dice Wittgenstein en el *Tractatus*. "La escritura es lo más parecido a un tatuaje", apunta Trías en *La dispersión*. El significado de una palabra es su uso. En nuestro fin de milenio, el significado es un juego del lenguaje: "no queda ya sino la música ... Cuando finjo escribir sobre lo que he escrito antes se produce de igual modo un movimiento de abolición, no de verdad ... escribir sobre sí mismo puede parecer una idea pretenciosa; pero es también una idea simple: simple como una idea de suicidio"[6]. Al ser humano se le lee como a un texto. Su historia se inscribe en un tejido textual. El mito de Orfeo. ¿Es posible que el temor de un Wittgenstein o un Heidegger –que la lengua llegue a destruir la posibilidad de decir aquello de lo que hablamos– se haya hecho ya realidad? ¿Cómo reaccionar ante la certeza lacaniana de que, en el fin de siglo, "no hay más amo que el significante"? ¿Será verdad lo que predijera Novalis, que hoy el habla ya sólo se ocupa de sí misma?

La espacialización moderna del tiempo se torna textualización: el nominalismo, como truco de prestidigitación ética, filosófica, política, lingüística, nos confunde con la rapidez de los dedos y de los nombres, enroscándose y desviando nuestra mirada incauta. Un torbellino de acontecimientos envolventes en nombre de la evanescencia y de un espectáculo que todo lo legitima en nombre de la insurrección. Las microunidades codificadas se convierten en mate-

---

entenderás finalmente que te lo doy" (Roland BARTHES, *Fragmentos de un discurso amoroso*, México, Siglo XXI, 1986, p. 86). Y, por su parte, Eugenio TRÍAS señala que hablar *"podría ser* algo más que 'hablar', una danza con los signos, un cántico..." (*La dispersión*, Barcelona, Destino, 1991, p. 124).

[4] Carmen MARTÍN GAITE, *Caperucita en Manhattan*, Madrid, Siruela, 1990, p. 33.

[5] Christa WOLF, *Casandra*, Madrid, Alfaguara, 1986, p. 16.

[6] Roland BARTHES, *Roland Barthes por Roland Barthes*, Barcelona, Kairós, 1978, pp. 62 y 64.

[7] Cf. Juan Luis MORAZA, "100% Gramática 100% Dramática", en *La presencia ausente: ensayos sobre la posmodernidad*, Román Alvarez ed., en prensa.

ria prima desvitalizada. Un lenguaje disuelto en la vida y una vida disuelta en el lenguaje[7].

El lenguaje crea personalidades múltiples, hecho que, según se comentó anteriormente, puede tener una vertiente positiva y otra negativa. ¿Positiva? que el lenguaje creador de "una prolijidad de sí mismos"[8] es capaz de hacernos aceptar al Otro: como dice Barthes, todos los significantes están ahí, "pero ninguno alcanza su finalidad, puesto que estamos ante textos en los que no se persigue el establecimiento de una única e irrevocable verdad, o de una moral, cultura o costumbre, sino que éstas se presentan para ser cuestionadas, considerando su ausencia como espacio abierto, campo en el que la multiplicidad y heterogeneidad pueden ubicarse"[9]. La multiplicidad de interpretaciones permite la convivencia pacífica de diversas percepciones individuales:

> ... the main point is that you should bear in mind multiplicity, and forget about uniqueness ... everyone wanders around having his own individual perceptions. These, like balls of different colours and shapes and sizes, roll around on the green billiard table of consciousness[10].

O, para decirlo con la bien conocida formulación de Barthelme, permite la convivencia de diversos universos de discurso:

> You and I, Mr. Quistgaard, are not in the same universe of discourse. You may not have been aware of it previously, but the fact of the matter is, that we are not. We exist in different universes of discourse ... It may never have crossed your mind to think that the other universes of discourse distinct from your own existed, with people in them, discoursing. You may have, in a commonsense way, regarded your own u. of d. as a plenum, filled to the brim with discourse. You may have felt that what already existed was a sufficiency. People like you often do. At any moment I can

8 Fernando Pessoa, *Libro del desasosiego*, Barcelona, Seix-Barral, 1987, p. 44.

9 Roland Barthes, *El placer del texto*, Madrid, Siglo XXI, 1974 –1973–, p. 15.

10 Donald Barthelme, *Snow White*, New York, Atheneum, 1980, pp. 75 y 129.

pierce your plenum with a single telephone call, simply by dialling 989-7777. You are correct, Mr. Quistgaard, in seeing this as a threatening situation. The moment I inject discourse from my u. of d. into your u. of d., the yourness of yours is deluted. The more I inject, the more you dilute. Soon you will be presiding over an empty plenum, or rather, since that is a contradiction in terms, over a former plenum, in terms of yourness. You are, essentially, in my power. I suggest an unlisted number[11].

¿Negativa? que el lenguaje puede, en cambio, moldearnos a su gusto, convertirnos en parte de un espectáculo consumista y obligarnos a "elegir" lo que otros ya han elegido previamente por nosotros.

... probablemente, tanto me he acostumbrado a sentir lo falso como lo verdadero, lo soñado tan nítidamente como lo visto, que he perdido la distinción humana, falsa creo, entre la verdad y la mentira ... Reconocer la realidad como una forma de ilusión, y la ilusión como una forma de realidad, es igualmente necesario e igualmente inútil ... Nos convertimos en esfinges, aunque falsas, hasta llegar al punto de no saber ya quiénes somos. Porque, de verdad, lo que nosotros somos es esfinges falsas, y no sabemos lo que somos realmente. El único modo de estar de acuerdo con la vida es estar en desacuerdo con nosotros mismos[12].

El autor del fin de siglo es, cuando menos, curioso. Es un autor sin autoridad que escribe lo que Blanchot llama "la escritura del desastre": una escritura cargada de interrogantes pero sin deseo de respuesta, sin nada que pueda decirse. El escritor escribe por ausencia:

Je sui tellement au bord ... Maintenant j'ai besoin de me l'entendre dire. Et qu'elle existe ... Parce que j'ai une envie d'histoire ... Mais ce que j'ai senti monter dans mon corps, d'une pousse lente et insistante, c'est l'envie de la chose la

[11] Donald BARTHELME, *Ibid.,* pp. 45-46.
[12] PESSOA, *op. cit.,* pp. 50, 300 y 322.

moins désirée de mon existence: l'envie d'une histoire. L'envie de faire une histoire dans mon corps, de la laisser se développer avec toutes ses fatalités et coincidences, se dicter chromosomiquement en moi, jusqu'à terme ... Je ne me crois pas, je ne me crois jamais ... Mais nous, qui parlons, nous perdons, nous perdons, je suis en train perdre[13].

Desea el silencio porque éste es imposible. La escritura precede a cualquier fenómeno, incluso a la vida. Se escribe desde la necesidad y la incertidumbre:

No existe constancia documental de que los libros de que se trata aquí se hayan jamás escrito ni publicado. Tampoco existen noticias de sus autores. Todo hace pensar que se trata de un fraude. Pero, ¿quién sabe? ... sería mucho más tolerable que, permaneciendo como anónimas, se llegase a la conclusión, escrupulosa entre las lógicas posibles, de que nadie las ha escrito ... Allí estaban mis novelas, junto a los otros posibles narrativos, y allí estaban también las risas con las que se ríen de quienes, como yo, pretenden ser autores de lo que han escrito. Yo parto de la evidencia de que, lo que escribo, lo mismo puede ser verdad que mentira, lo mismo lo puede haber escrito el verdadero autor que un bromista o un falsario[14].

"Querer escribir, cuán absurdo es: escribir es la decadencia del querer, así como la pérdida del poder, la caída de la cadencia, otra vez el desastre"[15]. La *écriture du désastre* frente a la unidad cartesiana. Las formas dramáticas barrocas como juegos lingüísticos infinitamente alusivos en el espacio alegórico benjaminiano: "El laberinto es la patria del que duda. El camino de aquél que intenta

13 Hélène CIXOUS, "12 Août 1980", *On Feminine Writing: A boundary 2 Symposium*. Verena Andermatt Conley y William V. Spanos (eds.), vol. XII, no. 2, Winter 1984, pp. 8-16.

14 Gonzalo TORRENTE BALLESTER, *Yo no soy yo, evidentemente*, Barcelona, Plaza & Janés, 1987, pp. 7 y 13-14.

15 Maurice BLANCHOT, *La escritura del desastre*, Caracas, Monte Avila Editores, 1987, p. 17.

llegar al final dibujará fácilmente un laberinto" (Walter Benjamin "Zentralpark", 1938). El escritor se encomienda al desconcierto: "Donde quiera que los hombres colocaran una palabra, creían habe hecho un descubrimiento...cuando sólo habían rozado un problema" (Nietzsche). Las palabras del escritor dejan de ser posibilidades de salvación. "El lenguaje es ya escepticismo" (Lévinas). El habla son los días y las noches que pasamos en silencio.

La importancia de nuestra relación con la escritura se decide en el momento en el que decidimos la importancia que le damos a la escritura, y eso define también nuestra relación con el Otro –no en vano Lévinas define el lenguaje como contacto–. En realidad, el escritor escribe, asegura Blanchot, no porque le dejen satisfecho los libros de los demás sino porque uno nunca se satisface escribiendo. Se escribe bajo la atracción de lo real imposible. Kafka dice que escribe porque, si no, se volvería loco –pero sabe que ya esa actitud es una locura–. La escritura del desastre es una escritura fuera del lenguaje, el holocausto que abrasa el sentido[16]. La escritura del desastre sucede en ese momento histórico en el que, para bien o para mal, ya no hay centros ni dicotomías ni oposiciones jerárquicas[17] ni estructuras que limiten el juego de la escritura[18]. Frente a

---

[16] "...la palabra no tiene sentido sino en el momento en que la pronuncio; no ha en ella ninguna reserva, ningún depósito del sentido" (Roland BARTHES, *Fragmento de un discurso amoroso*, Madrid, Siglo XXI, 1986 –1977–, p. 236).

[17] "Western thought (metaphysics), says Derrida, has always been structured i terms of dichotomies or polarities: good vs. evil, being vs. nothingness, presence vs absence, truth vs. error, identity vs. difference ... speech vs. writing ... The secon term in each pair is considered the negative, corrupt, undesirable version of the first a fall away from it. Hence, absence is the lack of presence, evil is the fall from goo ... These hierarchical oppositions privilege unity, identity, immediacy ... presence (Barbara JOHNSON, "Introduction" to Jacques DERRIDA's *Dissemination*, Chicago University of Chicago Press, 1981, p. viii).

[18] "...la estructuralidad de la estructura ... se ha encontrado siempre neutralizada reducida: mediante un gesto consistente en darle un centro, en referirla a un punto d presencia, a un origen fijo. Este centro tenía como función no sólo la de orientar equilibrar, organizar la estructura –efectivamente, no puede pensarse una estructur desorganizada– sino, sobre todo, la de hacer que el principio de organización de l estructura limitase lo que podríamos llamar el *juego* de la estructura" (DERRIDA, "L estructura, el signo y el juego en el discurso de las ciencias humanas", en *La escritu ra y la diferencia*, Barcelona, Anthropos, 1989, p. 383).

significado tradicionalmente privilegiado, el centro se convierte en mera función[19].

Ya no es el autor, sino el propio lenguaje, quien habla[20]. En la sociedad post-tecnológica, de la publicidad y los medios de comunicación, donde prima lo instantáneo, escribir es, como dijo Barthes sin nostalgia, un verbo intransitivo[21]. Ya en 1968 comentó algo perfectamente aplicable a la sociedad fin de siglo: que los textos no están constituidos por filas de palabras de las que se desprende un único sentido sino por un espacio de dimensiones múltiples, que la vida no hace sino imitar al libro, "y ese libro no es más que un tejido de signos, una imitación perdida, que retrocede infinitamente"[22]. Lo único que existe es el lenguaje:

> What it's about most of all is plainly and simply language. Language. Words, and word*play*. Meanings and additional meanings. Sentence structures. Rhythms. Sounds. Wit. Resonances. About being infinitely more concerned with the *how* things are said than with the what[23].

[19] "Today it is commonplace for individuals and groups, via words and deeds, to question *structure*, to question, that is, the validity of previously unchallenged associations, oppositions, and hierarchies ... Everything that was once thought to be a 'fact', or a 'self-evident truth,' or a belief that could exist beyond question is now seen as a social expression or a *sign* ... in the place of the subject/object split we are sending in the *sign*, a unification of subject and object or things and their meanings or values" (Dean MacCannell y Julie Flower MacCannell, *The Time of the Sign: A Semiotic Interpretation of Modern Culture*, Bloomington, Indiana University Press, 1982, pp. xi-xii).

[20] "Every word, every utterance onstage is dramaturgy ... my words are not descriptions, only quotations ... the only possibility they point to is the one that happens while the words are spoken on the stage" (Peter Handke a Artur Joseph, "Nauseated by Language: From an Interview with Peter Handke", *The Drama Review* 15, Fall 1970, p. 57).

[21] "The world is found to be a copy of the theatre" (Peter Handke, "Brecht, Play, Theatre, Agitation", *Theatre Quarterly* 1, October-December 1971, p. 90).

[22] Roland Barthes, "La muerte del autor", en *El susurro del lenguaje*, Barcelona, Paidós, 1987, p. 70.

[23] David Markson, "Reviewers in Flat Heels: Being a Postface to Several Novels", in *The Review of Contemporary Fiction*, vol. X, no. 2, Summer 1990, p. 125.

Lo único que existe es el proceso semiótico como ficción:

> His writing is not *about* something, *it is that something itself*[24].

Y el significado surge de mirar, de haber estado en contacto con el lenguaje:

> ...is not to be obtained by reading between the lines (for there is nothing there, in those spaces) but by reading the lines themselves -looking at them and so arriving at a feeling not of satisfaction exactly, that is too much to expect, but of having read them, of having "completed" them[25].

O de jugar cínicamente con él:

> In the more rural sections of the U.S. people do not resort to spelling difficult words...instead they plunge a V-shaped knife into the other fella, who moans, "Ohhh." O also happens to be the fifteenth letter in the alphabet. For some reason it is often used by insecure people[26].

Al contrario que la obra, el texto es dilatorio; su campo es el significante. Su interpretación es siempre plural y semelfactiva (es decir, que se niega a que podamos acceder a él mediante un método inductivo-deductivo)[27]. Su estética, hedonista y lúdica (nuestro

---

[24] Samuel BECKETT a propósito de *Finnegans Wake*, "Dante... Bruno... Vico... Joyce", 1929.

[25] Donald BARTHELME, *Snow White*, New York, Atheneum, 1980, p. 106.

[26] Walter ABISH, "Minds Meet", en *Minds Meet*, New York, New Directions, 1975 (1971), p. 4.

[27] "Bossa nova has no plot, no story, no character, no symbolism, no subject-matter, no 'meaning'. It resists interpretation because it doesn't want to be interpreted" (Ronald SUKENICK, *In Form*, p. 211).

"Ninguna decisión es final, todas se ramifican en otras ... En todas las ficciones, cada vez que un hombre se enfrenta con diversas alternativas, opta por una y elimina las otras. Crea así diversos porvenires, tiempos diversos que también proliferan y se bifurcan. De ahí las contradicciones de la novela" (Jorge Luis BORGES, *Ficciones*, Madrid, Alianza, 1974, pp. 77 y 111-112).

uego, como el de Qfwfq y Pfwfp, es infinito[28]). Su origen, un autor le papel[29] o un cronopio, autonauta de la cosmopista[30]. Y todo esto nal entendido, el lenguaje de la publicidad y de la política del fin le siglo o cualquier lenguaje en el que debajo no haya nada[31]: ante a ausencia de un centro o de un origen, todo se torna discurso[32].

Como Qfwfq, intentamos escribir en el espacio nuestro signo, un signo enteramente nuestro y de nadie más. Desde el momento de a inscripción del signo, de nuestro signo, ese punto deja de ser un punto espacial cualquiera, pues es el único punto que, gracias a la nscripción del signo, está realmente allí, y, por tanto, es el único en relación con el cual pueden definirse los demás puntos. Gracias al

"Un libro no tiene objeto ni sujeto, está hecho de materias diversamente forma-das, de fechas y de velocidades muy diferentes, desde el momento que se atribuye el ibro a un sujeto, se descuida ese trabajo de las materias y de la exterioridad de sus relaciones" (DELEUZE y GUATTARI, *Rizoma*, Valencia, Pre-textos, 1977, p. 8).

[28] Italo CALVINO, "Juegos sin fin", en *Las cosmicómicas*, Barcelona, Minotauro, 1985, pp. 77-86.

[29] "Inasmuch as the old analogy between Author and God, novel and world, can no longer be employed unless deliberately as a false analogy, certain things follow: 1) fiction must acknowledge its fictitiousness and metaphoric validity or 2) choose to ignore the question or deny its relevance or 3) establish some other, acceptable, rela-tion between itself, its author, its reader" (John Barth, *Lost in the Funhouse*, New York and London, Secker and Warburg, 1969, p. 128).

[30] Cf. Carol DUNLOP y Julio CORTAZAR, *Los autonautas de la cosmopista*, Barce-lona, Muchnik Editores, 1983.

[31] "What bothers me is people's alienation from their own speech ... It isn't *their* language anymore, so they can't even communicate" (Peter Handke a Artur Joseph, art. cit., p. 61).

[32] "A partir de ahí, indudablemente, se ha tenido que empezar a pensar que no había centro, que el centro no podía pensarse en la forma de un ente-presente, que el centro no tenía lugar natural, que no era un lugar fijo sino una función, una especie de no-lugar en el que se representaban sustituciones de signos hasta el infinito. Este es entonces el momento en que el lenguaje invade el campo problemático universal; éste es entonces el momento en que, en ausencia de centro o de origen, todo se con-vierte en discurso –a condición de entenderse acerca de esta palabra–, es decir, un sistema en el que el significado central, originario o trascendental no está nunca absolutamente presente fuera de un sistema de diferencias. La ausencia de significa-do trascendental extiende hasta el infinito el campo y el juego de la significación" (Jacques DERRIDA, "La estructura, el signo y el juego en el discurso de las ciencias humanas", en *La escritura y la diferencia*, p. 385).

signo aparece también el pensamiento, porque el signo es la cosa que se puede pensar y también la cosa pensada. El signo era el signo de Qfwfq, en los dos sentidos que pueden atribuírsele a esa frase. El signo le habitaba y se entrometía entre él y las cosas. Pero Qfwfq era, en el fondo, un ingenuo, porque cuando vuelve al punto del espacio en el que inscribió el signo original se da cuenta de que allí no hay sino un borrón informe, una raspadura. Lo ha perdido todo: el signo, el punto, eso que hacía que él fuera él. Después, se da cuenta de que en lugar del signo original no hay sino un signo copiado, una falsificación, un descarado artificio que ha puesto Kgwgk en su lugar. Poco a poco, Qfwfq se va percatando de que éste, el artificial, es un signo infinitamente más hermoso, mientras que el original es un modo anticuado de ver los signos. Qfwfq intuye adecuadamente que los signos sirven para juzgar a quien los traza, y que nuestra interpretación de los signos va cambiando con el transcurrir del tiempo. Qfwfq acaba trazando signos fingidos, simulacros que sólo un incompetente como Kgwgk podía tomar por signos. Acaba siendo incapaz de reconocer sus propios signos. Acaba dándose cuenta de que el universo es un espesor general de signos superpuestos, sin puntos de referencia, sin puntos de partida únicos. Se había dado cuenta, por fin, de que el espacio no puede existir con independencia de los signos.

Así, sólo con lenguaje, se expresa la tristeza. Así, sólo con lenguaje, empieza la historia que Barthelme titula, significativamente, "Brain Damage". "Brain Damage": como Kaspar, repetimos frases, con terquedad, con aire interrogante o monótono, con alegría, con rabia e impaciencia, como si fueran a convertirse en respuestas a nuestras preguntas, a nuestros ruegos. Hablamos textos que no son los nuestros. Jugamos a hablar. Y al zambullirnos en la oscuriad de algunas frases corremos el riesgo de que se nos confunda con gatos en la noche. Pero, por fin, tenemos la frase con la que poder contarnos lo que hemos dejado de poder contar a los demás; tenemos la frase, así que ya podemos negarla. Son frases para resistir, para despistar, para pasear, para masticar, para pasar por locos, para seguir locos, para confundir[33]. Con las frases aprendemos a oír y aprende-

---

[33] "*A3.* Tienes una frase, que puedes decir desde el principio al fin, y desde el fin al principio. *A1.* Tienes una frase para afirmar y negar. *A2.* Para renegar. *A1.* Tienes

nos que oímos. Aprendemos a decir una frase y aprendemos que aprendemos. Nos agazapamos en ella, nos acurrucamos en su regazo al darnos cuenta de que aún puede significarlo todo y de que no podemos defendernos de ella[34]. El dolor duele desde que empezamos a saber hablar de dolor. Pero una frase nos ayudará a esquivar otra frase si se deja poner en el lugar de la otra frase. El lenguaje se disfraza, nos disfraza, y se convierte en el único medio para acceder a la ética:

> Language is the original vehicle for our first instructions in right and wrong[35].

¿Es que lo ético sólo es lenguaje? ¿Es ético el lenguaje?:

> Language is like a cracked kettle on which we beat out tunes for bears to dance to, while all the time we long to move the stars to pity[36].

¿De qué está hecho el lenguaje?:

> We like books that have a lot of dreck in them, matter which presents itself as not wholly relevant (or indeed, at all relevant) but which, carefully attended to, can supply a kind of 'sense' of what is going on[37].

---

una frase con la que puedes cansarte y despabilarte. *A3.* Con la que puedes vendar los ojos. *A2.* Tienes una frase con la que puedes poner en orden cualquier desorden. *A1.* Con la que puedes calificar de orden relativo cualquier desorden mayor. *A2.* Con ella puedes declarar desorden cualquier orden, ponerte a ti mismo en orden. Borrar todo desorden. *A3.* Ya tienes una frase que te puede servir de ejemplo. *A2.* Una frase que puedes colocar entre ti y todo lo demás. *A1.* Tú eres dueño dichoso de una frase que te hará posible cualquier orden imposible y cualquier desorden real y posible, imposible. *A2.* Que te extirpará cualquier desorden" (Peter HANDKE, *Gaspar*, Madrid, Alianza, 1982, pp. 22-23).

34 "*A4.* Empiezas, contigo mismo tú, eres una, frase tú, podrías formar de ti mismo innumerables, frases, estás sentado ahí, pero tú no, sabes que, estás sentado tú:" (Peter HANDKE, *Gaspar*, p. 25).

35 Steve KATZ, "Female Skin", *Moving Parts*, New York, Fiction Collective, 1977, p. 25.

36 Julian BARNES, *Flaubert's Parrot*, London, 1984, p. 19.

37 Donald BARTHELME, *Snow White*, p. 106.

El lenguaje es hoy capaz de minar la univocidad del discurso impe-
rante o, por el contrario, de obligarnos, a veces mediante el engaño
o el disfraz, a aceptar dicho discurso. El lenguaje como arma bien o
mal utilizada. En realidad, se podría resumir el itinerario intelectual
del lenguaje –es decir, su función bien entendida– en tres preguntas:
¿qué nos permite saber el lenguaje? ¿qué nos permite hacer? ¿quiénes somos gracias o a pesar de él? El novelista contesta esta última
pregunta: sus personajes, sujetos débiles por excelencia, no son más
que lenguaje, más tolerantes por ello, pero también más vulnera-
bles:

> I've lost track of who I am; my name's just a jumble of let-
> ters; so's the whole body of literature: strings of letters and
> empty spaces, like a code that I've lost the key to[38].

El mundo, la vida, se ha convertido al final en una especie de libro
de las preguntas a la Jabès. El libro de las preguntas es el libro de la
memoria. El libro que interroga sobre la vida, sobre la libertad,
sobre el amor, entre contradicciones y paradojas[39]. Responde el
escritor, en el mejor de los casos. Porque todo es ficción, hiperrealidad, simulacro[40]. La eternidad desgrana el instante con el verbo.
Para existir, necesitamos ser nombrados, entrar en el universo de la
escritura, de los signos, y asumir su canto. El mundo existe porque
el libro existe. De este idilio nace la máxima: soy quien escribe y es

---

[38]   John BARTH, *Chimera*, New York, Random House, 1972, pp. 10-11. Se trata
de un sujeto "made of fragments, disassociated fragments of himself, this new ficticious creature will be irrational, irresponsible, irrepresive, amoral and unconcerned
with the real world, but entirely committed to the fiction in which he finds himself,
aware, in fact, only of his role as ficticious being" (Raymond FEDERMAN, *Surfiction.
Fiction Now...and Tomorrow*, Columbus, Swallow Press Books, 1982, p. 13).

[39]   "...my plot doesn't rise and fall in meaningful stages but winds upon itself like
a whelk-shell or the snakes on Hermes's caduceus: digresses, retreats, hesitates,
groans from its utter et cetera, collapses, dies" (John BARTH, *Chimera*, p. 196).

[40]   "'Little Doony', she said dreamily, and kissed me: 'pretend this whole situation is the plot of a story we're reading, and you and I and Daddy and the King are
all fictional characters' ... I'm full of voices, all mine; none me; I can't keep straight
who's speaking, as I used to" (John BARTH, *Chimera*, pp. 8 y 147).

escrito[41]. Cuando ya no queda nada, dejamos de usar el lenguaje del amor y lo sustituimos por el amor al lenguaje[42]. El mundo en el que vivimos, los objetos que manipulamos, son nuestras construcciones. No hay eventos sino palabras con las que hacemos el amor y la guerra[43]. El lenguaje ya no es, como quisieran los viejos racionalistas, reflejo de nada[44]. El tiempo "no es más que el paso de una palabra a la otra"[45]. Las frases crean un mundo propio[46]. Son todo lo que

[41] "...he had indeed begun fading away, almost disappeared; but as soon as Sherry repeated the magic sentence he came back clearly, smiling more eagerly than before, and declared he'd been thinking the same words at the same moment, just when we'd begun to fade and his writing-room to reappear about him" (John Barth, *Chimera*, pp. 14-15).

[42] "The use of language like a lover...not the language of love, but the love of language, not matter, but meaning, not what the tongue touches, but what it forms, not lips and nipples, but nouns and verbs" (William Gass, *On Being Blue. A Philosophical Enquiry*, Manchester, Carcanet Press, 1976, pp. 8 and 11).

[43] "The world I live in, the objects I manipulate, are in great part my constructions . . . There are no events but words in fiction. Words mean things. Thus we use them every day: make love, buy bread, and blow up bridges. But the use of language in fiction only mimics its use in life" (William Gass, *Fiction and the Figures of Life*, New York, Alfred A. Knopf, 1970, pp. 6 and 30).

[44] "If things are extensions, there is no difference between the unimpeachably full and the irreproachably empty. All are zeros enclosed by lines. And words, too –as notions and noises– words, too, are only signs ... the ancient dream of the rationalist -that somewhere in language there is a blueprint or a map of reality ... that dream remains a dream because now language *is* the land –in fiction– where every fact has to have the structure of the sentence which states it, value too, and quality, and apprehension, since there is no out-out-doors in the world where language is the land..." (William H. GASS, "The Ontology of the Sentence, or How to Make a World with Words", en *The World within the Word*, Boston, David R. Godine, Publisher, 1989 –1979–, pp. 309 y 316-317).

[45] Peter HANDKE, *Insultos al público*, en *Gaspar*, Madrid, Alianza, 1982, p. 101.

[46] "Sometimes you can get to the story, and sometimes the story gets to you. It's all fiction, so he says. Besides, this here is a fiction writer and fiction is the art of telling. Language is the medium, and the limitation. If truth is the result it's not constructed in language, but generated as resonances by the art of telling; and it's not perceived with the mind, but in the gut, or the spine, or the heart. It's a certain feeling. What can never be said, is what's being told. Lies can be used in the telling, 'truth', as well, if there is some ... How presumptuous, self righteous to 'tell the truth all the time'. That's the result of eating too many soybeans, the ultimately deluding drug. It makes you think you can tell the truth ... There's no intention here to make anything better; but just to lay open some possibilities of consciousness, explore the boundaries of identity" (Steve KATZ, "Trip", *Moving Parts*, pp. 57 y 74-75).

tenemos[47]. Cada sonido del lenguaje es un sonido del mundo. La hache es un lujo. De ahí el grito de la Reina en el país de las maravillas: "¡Primero la sentencia... el veredicto después!" No hay palabras mágicas. El único acto mágico es el acto de nombrar. El único juego, el lenguaje y su extraño y diabólico poder.

El lenguaje actúa contra la voluntad de su creador, del sujeto que tiene su razón de ser por y en el lenguaje[48]. En este contexto nos preguntamos si hay relación entre lo que el escritor dice en silencio y la locura del lenguaje; nos preguntamos si Roland Barthes tenía razón al afirmar que las palabras no son locas (a lo sumo son perversas), es la sintaxis la que está loca, pues es en la frase donde el sujeto busca su lugar y no lo encuentra, o encuentra un lugar falso que le es impuesto por la lengua[49]; nos preguntamos si Martin Heidegger estaba en lo cierto al afirmar que la poesía es la casa del ser. Presumiblemente, hablar del habla es peor que escribir sobre el silencio, pues estamos ante una mirada que, al dirigirse a la razón, cae en la profundidad de un abismo. El libro es la contraseña de una hermandad secreta. El canto ambiciona hacernos asistir al nacimiento de la palabra mediante la obstinación de una pregunta errante, ¿cómo decir que no soy pero que, en cada palabra, me veo, me oigo, me comprendo? El mundo existe porque el libro existe: todas las letras forman su ausencia.

[47] "The great advantage of fiction over history, journalism, or any other supposedly 'factual' kind of writing is that it is an expressive medium. It transmits feeling, energy, excitement. Television can give us news, fiction can express our response to the news. No other medium ... can so well deal with our strongest and most often intimate responses to the large and small facts of our daily lives. But to do this successfully the novel must continually reinvent itself to remain in touch with the texture of our lives. It must make maximum expressive use of all elements of the printed page, including the relation of print to blank space. It must break through the literary formulas when necessary, while at the same time preserving what is essential to fiction: incident, feeling, power, scope, and the sense of consciousness struggling with circumstance". (Ronald SUKENICK, "Innovative Fiction/Innovative Criteria: Reinventing the Novel", *Fiction International*, nos. 2-3, 1974, p. 133).

[48] Cf. M. Carmen Africa VIDAL, "Fragmentos de un discurso amoroso", *La huella de Virginia Woolf*, Mercedes Bengoechea (ed.), Universidad de Alcalá de Henares, 1992, pp. 147-153.

[49] Cf. Roland BARTHES, *Fragmentos de un discurso amoroso*, Madrid, siglo XXI, 1986, p. 15.

Lo más interesante, sugirió Merleau-Ponty, es el silencio que hay entre las palabras, su articulación, que nos obliga a preguntarnos, con Leibnitz, "¿por qué hay Ente, y no más bien Nada?" El problema del Ser queda así inmerso en el lenguaje mismo, acaso en ese lenguaje originario que Heidegger describe como metagramatical, pues permite que nos enfrentemos al problema del *Dasein* sin convencionalismos, abiertamente, más allá de toda regla. Frente al héroe clásico, que es héroe por la acción, el héroe *fin-de-siècle*, que es "héroe" por la palabra (*horror silenti?*)

Nos movemos a la sombra de las sílabas, en esas regiones que anteceden a las confidencias, en las que la lengua aún no tiene la posibilidad de responder a la llamada del pensamiento. La belleza es la infinita vanidad de las palabras, la coquetería como promesa sin garantía, la estación de paso entre el ser y el olvido. El lenguaje es objeto de fascinación. El lenguaje no indica el sentido sino que aparece en lugar del sentido, y lo que de ahí resulta no son unos efectos de estructura sino unos efectos de seducción. Puede que en este contexto la única teoría posible sea aquella cuyos conceptos retroceden hasta el infinito, prestándose a indefinidas paradojas hasta el punto de inercia en el que se estrella la emoción conceptual en el descubrimiento de un millar de signos puros y en la baudrillardiana pasión de su desaparición.

El lenguaje es "el grado más alto de la posible conformación del mundo por la humanidad ... En la palabra reside el secreto de la transmisión de la cultura humana"[50]. El lenguaje es el hilo conductor del giro ontológico: "Hablar es buscar la palabra. Encontrarla es siempre una limitación. El que de verdad quiere hablar a alguien lo hace buscando la palabra, porque cree en la infinitud de aquello que no consigue decir y que, precisamente porque no se consigue, empieza a resonar en el otro. Algo de esta sabiduría del balbucir y enmudecer sea tal vez la herencia que nuestra cultura espiritual deba transmitir a las próximas generaciones"[51]. El lenguaje es el medio universal en el que se realiza la comprensión misma. Todo

---

[50] Hans-Georg GADAMER, *Elogio de la teoría*, Barcelona, Península, 1993, p. 17.

[51] Hans-Georg GADAMER, *Poema y diálogo*, Barcelona, Gedisa, 1993, p. 12.

comprender es interpretar, "y toda interpretación se desarrolla en e
medio de un lenguaje que pretende dejar hablar al objeto y es a
mismo tiempo el lenguaje propio de su intérprete"[52]. El sentido n
es tanto una totalidad disponible sobre la que siempre hemos estad
de acuerdo cuanto una dirección. No se busca la reconstrucción d
un sentido existente, ni mucho menos de la reducción a aquello qu
el poeta haya pensado. Se trata de participar en el íntimo diálog
con el lenguaje[53], inmersos como estamos en "la época de la poesí
semántica": "Ya no vivimos en un mundo en que una leyend
común, un mito, la historia sagrada o una tradición surgida de l
memoria colectiva rodee nuestro horizonte con imágenes que podamos reconocer en las palabras ... Lo que queda son unidades semán-
ticas, que, dada su naturaleza, no tienden a unirse, sino más bien a
alejarse unas de otras, dispersas en una pluralidad de sentidos.
Derrida ha llamado a ese fenómeno *dissémination*. Eso otorga a
verso una tensión característica. Es como si el distanciamiento de
lenguaje debiera corresponderse con la creciente alienación de
hombre de su mundo natural (el rugido de los motores se cuela
ensordecedor por las ventanas: ah, ¿campanas del mundo industrial?) ... Vivimos en un mundo de fragmentos y en una fragmenta-
da realidad lingüística"[54].

Designar las cosas nunca es inocente: supone precipitarlas más
allá de su propia existencia, en el éxtasis del lenguaje, que es el de
su fin. Para hablar de ficción es preciso que el texto aniquile toda
referencia. Para hablar de simulación, es preciso que el texto se ría
del sentido sin dejar de ser completamente verdadero. Para hablar
de seducción, es preciso que el lenguaje pervierta cualquier cosa
mediante vías elípticas. Si no, ¿para qué existiría el lenguaje?

La lengua se transforma en mujer: nos seduce metamorfoseán-
dose en lo que dice. "También es mujer porque se vengará incesantemente si no consigue seducir. Se vengará diciendo únicamente lo
que le hagamos decir, de la misma manera que una mujer que sólo
satisface lo que le pides ... La vida en sí misma no es desesperada,

---

[52] Hans-Georg GADAMER, *Verdad y método*, Salamanca, Sígueme, 1984, p. 467.

[53] Cf. GADAMER, *Poema y diálogo*, pp. 148-149 y 153.

[54] GADAMER, *Poema y diálogo*, pp. 147-148.

sólo ligeramente melancólica. Algo difusa a la luz del día, impalpable como el lenguaje. Así, la escritura precede a la vida, la determina. La vida acaba por conformarse a un signo, y, sin duda, ésta es la razón de que a tanta gente nos asuste escribir" (Baudrillard).

La vida es una base sobre la que nos ponemos de pie, un cuenco que llenamos, llenamos y llenamos; un cuenco que se apoya en el recuerdo de oír romper las olas, una, dos, una, dos, y mandar el agua a la playa. Memoria. Tiempo. Pasado. Universo, casi sensual, donde, a no ser por el lenguaje, nos estaría vedado penetrar. Para el amanecer de dichas en el aire, para vivir cómodamente del sentimiento de los colores, para abrir los ojos en el último momento... ¿Y aún preguntar para qué sirve el lenguaje? Con el lenguaje, aquellos versos de Eluard. La luz, al quebrantarse al amanecer. El sol, tembloroso, dibujando el horizonte. La bruma, que hace que el espacio tenga puertas y ventanas. Todo nos habla de formas, de un espacio que adopta la forma de nuestra mirada.

Cada palabra es el resultado de una experiencia, de un sentimiento, de una emoción. Son metáforas de vida, pero también de la levedad del ser. O acaso la contradicción entre peso y levedad sea la más misteriosa y equívoca de todas las contradicciones. Es como si, con Jabès, preguntásemos qué sería del mar si no tuviese olas que lo arrancasen y lo devolviesen al mar; si el mar tuviese demasiadas olas, pero no las suficientes, para invadir el horizonte; bastantes, pero justo apenas, para oír el mar. Los sueños, como los recuerdos, son las playas hacia las cuales remamos para escapar de los mañanas idénticos y de su jactancia inútil, pues los días que no pueden expresarse con el lenguaje.

Con el lenguaje, nos movemos a la sombra de los colores y de la luz, en esas regiones que anteceden a las confidencias, en las que aún no hay posibilidad de responder a la llamada del pensamiento; en esas ciénagas en las que, cada vez que respiramos, nos hundimos en la arena. El lenguaje nos permite acceder a secretos que se nos transmiten impregnados de recuerdos, de simulacros, de hiperrealidad y de una absoluta confianza en el flujo de las cosas cotidianas. La vida, dice Woolf, es el recuerdo de yacer, y de oír el agua, y de ver esta luz, y de sentir: al observar detenidamente, la emoción más fuerte deja rastro; se trata solamente de descubrir la manera de volver a quedar unidos a ella, de forma que podamos volver a vivir

nuestra vida desde el principio. El medio es, qué duda cabe, el len
guaje.

Recordamos a Marguerite Duras: el movimiento de la mar se ha
invertido. Se prepara el descenso del río, su deslizamiento hacia el
abismo de sal. Por los estallidos blancos pasan las gaviotas de la
mar. Llegan hasta la arena desnuda. Sus gritos hambrientos las pre
ceden. Luego, la mar de la luz sobre el papel.

Aprendemos secretos de la vida que se nos transmiten impreg
nados de recuerdos. Algunos de los recuerdos son las imágenes de
un insomne, la obstinación de una inteligencia en fabricar pensa
mientos que le pertenezcan plenamente, la negativa a abdicar en
favor de la sabia locura de los ensueños. La confianza en el flujo de
las cosas cotidianas y la evidencia de que cada noche, en cada
sueño, dejamos un poco de ser. Obstinación por el recuerdo, como
si, escribiéndolo, fuese a resucitar. Insinuaciones de que algo hubo,
insistencia en no querer perderlo. Como respuesta, una breve mira
da inmediatamente desviada y un inolvidable encogimiento de
hombros. La extrañeza nos ha alcanzado también a nosotros.

Vivimos la palabra, la experimentamos frente al vacío, frente a
la felicidad y en la vivencia de la escisión, de la grieta; la palabra
como redención, la palabra como parte del cuerpo, a la vez osada y
anhelante, sin plan ni estructura; antes corporal que gramatical. Por
largas que sean las oraciones, nunca son construidas, sino que describen siempre una búsqueda. Nos gusta narrar, pero no narrar historias sino la calidez, la claridad, la emoción, la pureza, el orden, el
espacio, el umbral, los intersticios, los puntos y aparte, el silencio.
El ritmo de la oración se forma antes que las palabras, y es precisamente el ritmo el que crea el objeto. Así, los momentos de la vida
constituyen una unidad, y no son fragmentos; la fantasía compone
dichos instantes libremente, los aísla y ensambla en el acto de escribir. Todas las narraciones pretenden que la narración misma aparezca como heroína, se convierta en un juego, se disuelva, y sólo quede
finalmente la narración misma. De ese modo, escribir es siempre un
suceso que puebla el vacío de formas, la pasión por narrar el espacio, el placer de habitar la hoja de papel entendida como espacio
proyectivo. Escribir es el acontecimiento según el cual cada nuevo
comienzo sólo acontece en realidad sobre algo que no es posible, el

vento donde la historia no es historia sino un estado del ser, un stado que trasciende a la historia.

Pretendemos así detectar no tanto lo que hay como lo que falta, l centro como lugar de vertiginosa confusión de los sentidos; la uerte de estar aquí, no definitivamente sino de paso. La mirada se e atraída especialmente por los signos, por el error y el errar. La ealidad se presenta como resumen de percepciones, como sucinto ntrelazamiento de la emoción. En las urdimbres, las cosas van nredándose, y se acaba escribiendo lo que no se tenía pensado, ntretejiendo palabras y contando para crear la realidad. El lenguaje o es sonoro, sino silente, obligando así al espectador a sentir que letrás hay un hueco, acaso vacío, seguramente oscuro. Sus palabras os conducen hasta lugares impensables desde donde el regreso erá imposible, pero donde podremos ver cómo el otoño se mete en l tiempo y sus manos, emergentes de la nada, agarran el cosmos. a nuestra es una isla de jacintos cortados, esa situación crepuscular le quien no sabe aún si es verdad lo que cree o esperable lo que spera.

Las cosas penetran y juegan en el espacio en blanco inicial. El olor y la luz, o su ausencia, lo traspasa todo. En la multiplicidad, el scritor se reconcilia consigo mismo. El poema, como evento, ocu- re en aquel lugar en el que pasión e idea se entrelazan. Vitalidad omo respuesta a la vida, pero siempre conscientes de que la verda- lera valentía no es vivir, sino saber que se vive. Como Clarice Lis- ector, necesitamos encuadrar la monstruosa carne infinita que es la ealidad y cortarla en trozos asimilables al tamaño de la boca y a la apacidad de visión de los ojos; pero, con esa necesidad de forma, ace también el valor de permitir que esa forma se forme sola, el oraje de resistir a la tentación de inventar esa forma. El significado uye. El significante reina sin contrapartida.

La escritura ofrece una mentira comprensible que oculta tras lla la brillantez de esa verdad incomprensible que es el mundo. La nasa susurrante de la escritura constituye una deliciosa protección, na película sonora que detiene toda alienación. Es inútil procurar cortar el camino y querer comenzar, sabiendo que la voz dice oco, pues existe la trayectoria, que no es sólo un modo de ir. La rayectoria somos nosotros mismos. La página en blanco como uperficie que refleja la trama del mundo, nuestros miedos, emociones y esperanzas, en medio de una multiplicidad de sensaciones que aceleran el pulso y estallan cuando rompes el blanco con el primer brochazo. Lo permanente de un pensamiento, dice el filósofo, es el camino. Mientras sigamos siendo seres que preguntan, caminaremos el límite de lo ilimitado, el curso de la alusión, de las huellas imprecisas que eluden toda tentativa de determinación de camino al habla.

Caemos en el "pecado" de la escritura; en la retórica de la incertidumbre, que no es otra que esa dialéctica entre querer hablar/escribir y no poder hacerlo. Ya no nos interesan las tramas amorosas típicas del siglo XIX: antes bien, el momento del ser en el que se produce la escritura. La escritura proporciona, por un instante, el goce de comprender, acaso de ser comprendido. El discurso no es otro que la memoria de los lugares. El sujeto amoroso transmite la inocencia de su imaginario. "El mundo ya no me llega en forma de objeto, sino como escritura"[55].

"Estamos –dirá Barthes– en la voluptuosidad infantil del adormecimiento: es el momento de las historias contadas, el momento de la voz, que viene a fijarme, a dejarme atónito, es el retorno a la madre ... En este incesto prorrogado, todo está entonces suspendido: el tiempo, la ley, la prohibición; nada se agota; nada se quiere: todos los deseos son abolidos, porque aparecen definitivamente colmados ... pero mi lenguaje tanteará, balbucirá siempre un intento de decirlo, pero no podré nunca producir más que una palabra vacía, que es como el grado cero de todos los lugares donde se forma el deseo muy especial que yo tengo de ese otro"[56]. El lugar más sombrío está siempre bajo la lámpara. La vida es caer siete veces y levantarse ocho.

La emoción deja rastro. El escritor es un pez en un río, pero no puede explicar las corrientes. Cada golpe, una revelación: la demostración de la existencia de algo real que se encuentra detrás de las apariencias, y yo le doy la realidad al expresarlo en palabras; el mundo entero es una obra de arte; nosotros somos las palabras; nosotros somos la música; nosotros somos la cosa en sí misma. Para

55 Roland Barthes, *Incidentes*, Barcelona, Anagrama,1987, p. 21.

56 Barthes, *Fragmentos de un discurso amoroso*, pp. 24 y 27.

decirlo con Barbara Johnson, la literatura como forma de expresión de lo que no sabemos que no sabemos.

El poeta pregunta. Pregunta si hay en el cielo un coleccionista de nubes, si con las virtudes que perdimos podremos hacernos un traje nuevo, si nuestra vida es un túnel entre dos vagas claridades o un pez preparado para ser pájaro. Pregunta si sentimos el peligro en la carcajada del mar y si vemos florecer el manzano para morir en la manzana. Pregunta si sufre más el que espera siempre que aquel que nunca esperó a nadie.

Al final, una historia[57]: tras la puerta, alguien ojea un libro cuya narración es la toma de conciencia de un grito. El libro se sitúa en el libro. El autor anduvo errante. ¿Su destino? Abrir el libro. ¿Su lugar? El umbral. ¿Su objetivo? Interrogar los signos, el universo, y escudriñar así las noches y las mañanas de las sílabas. Su historia es la de todos nosotros: las palabras que nos descuartizan, la verdad que nos desgarra y el olvido de las palabras que nos salvan. La casa está en el libro. El abismo, en sus páginas.

---

[57] Cf. Edmond JABÈS, *El libro de las preguntas*, vol. I, Madrid, Siruela, 1990, pp. 22-25.

5. La lógica de la nostalgia: a propósito de una cultura anoréxica

Al final de su *Crítica de la razón práctica*, Kant dijo que los dos mayores acicates de la reflexión filosófica son el cielo estrellado sobre nuestras cabezas y la ley moral de nuestro interior –en otras palabras, el mundo y el *yo*–. En el fin de siglo, sin duda, estuvieron tan estrellados el primero como el segundo: el hombre ya no buscaba la seguridad de la Razón sino las razones de su inseguridad. Jaque mate, pues, al siglo de las luces. Resurgimiento de lo paradójico. País del Ocaso[1]. *Abendland.* Pantanos de la eutrofización. Espumarajos de contaminación. Conciencia lúcida y telarañas. Bienaventurados los débiles de pensamiento. Decadencia de las certezas tradicionales (lo que el viento se llevó). *Apocalypse now.* ¿Fue éste nuestro fin de siglo?

Parece ser que la cosa ya no estaba para sistemas, para respuestas claras. No estaba el horno para *happy ends* a lo Habermas: lo que de verdad se llevaba –no nos engañemos– era el foucaultiano "desenmascaramiento de las ciencias humanas" o la denuncia del logocentrismo a manos de Derrida. Desde luego, tras catástrofes como Auschwitz, Hiroshima o, con otra magnitud, Hesel, ya nadie era tan ingenuo como para seguir creyendo en el progreso paralelo de técnica y ética, de felicidad material y moral. Al contrario de lo que desearon a finales de los 60 Barthes y Foucault, el sujeto no había muerto, sino que en la década de los ochenta y en la de los noventa renació en forma de Narciso.

---

[1] En este sentido, véase por ejemplo el libro, ya mencionado, de Enrique GIL CALVO, *Futuro incierto*.

La filosofía había intentado ser hasta entonces el modelo d
pensamiento que nos descubría la verdad y que daba respuesta a la
eternas preguntas que el hombre se hacía sobre su existencia. /
finales del siglo XX, la filosofía –ésa filosofía– había muerto, poi
que el ser humano se había dado cuenta (tras dos Guerra Mundiale
y continuos conflictos internacionales) de que la Razón había dejà
do de poder escribirse con mayúsculas. La filosofía, y cualquie
intento de reflexión sobre la vida humana, no podía sino record:
aquella *Guía de perplejos* que ya Maimónides anunciara. De al
que Javier Muguerza definiera al sujeto del fin de siglo como u
perplejo que desconfiaba de que los ideales racionalistas de la Ilus
tración pudieran continuar vigentes en el fin de siglo. Al cabo de u
siglo marcado por catástrofes como Auschwitz o Hiroshima, ya n
era posible creer en un concepto tal como el progreso. Ya no er
posible ser modernos, ni racionalistas, sin una buena dosis de pei
plejidad[2].

El panorama no era, pues, muy alentador que digamos. El sujet
ya no buscaba explicaciones, sino que se limitaba a ver en la tel
cuanto ocurría a su alrededor, y aun eso con indiferencia, dada l
continua repetición de las imágenes. El guionista de cine fue e
narrador contemporáneo[3]. El mundo era narcisista y hedonist:
como mucho, una expresión de dolor o algún que otro taco ante u
acto terrorista o una guerra, pero en general primaba aquello de l
vida sigue o para cuatro días que hay que vivir... Parecía que la
grandes preocupaciones colectivas fuesen a desaparecer si retornab
la preocupación por lo privado. El sufrimiento ya no estaba d
moda, y una de las más sublimes obligaciones del sujeto era la d
ser feliz (es decir, la obligación de tener un poder adquisitivo alto
La ética floreció en ese periodo de decadencia –era en esos momer
tos en los que no había paz cuando más había que *hablar* de pa:
hablar de ética cuando no había normas morales, *hablar* de seguri

---

[2] Javier Muguerza, *Desde la perplejidad (Ensayos sobre la ética, la razón y
diálogo)*, Madrid, Fondo de Cultura Económica, 1990, pp. 36-37. Véase tambié
Hans-Georg Gadamer, "Sobre el poder de la razón" (en *Elogio de la teoría*, pp. 4:
58); y el artículo de Steiner, ya citado, "Humanismo y saber literario".

[3] Catalina Serra, "Jean-Claude Carrière", *El País*, 11-12-1991, p. 28.

ad cuando ésta era inexistente, cuando todo se tambaleaba–. Y sto quizá porque la muerte fuese, como dice Walter Benjamin, "la anción de todo lo que puede relatar el narrador. Su autoridad se la resta la muerte. Con otras palabras: es la historia natural a la que emiten sus historias".

Esta ética de la decadencia parecía tener el rostro de Jano: búsueda del equilibrio interior de Narciso, que se miraba en el espejo ara descubrir con fastidio una nueva cana; y, paralelamente, una esmelenada zambullida en el placer. Total, que, como dijo Rosa M. Rodríguez, entre *yuppies* y otros especímenes adheridos al carro el poder –por un lado– y el personal más bien medianillo y *arrasrao* –por otro–, estaba ese tercer o cuarto mundo (no estoy muy egura de por qué lo llamaron así) con el que, planes urbanísticos parte, se decoraba el universo[4]. Y, a todo esto, una moralidad del imulacro, puramente lingüística, que se limitaba a condenar la guera y otras lindezas por el estilo, pero que a la hora de la verdad se ejaba guiar más por los intereses económicos o políticos –en el nejor de los casos– y simplemente por la imagen, el *look* –en sus nanifestaciones más *light*–.

Madonna convirtió acciones que podrían haber sido auténticanente políticas y de concienciación social en mero simulacro. Así ocurrió con su *Material Girl*, un intento de ayudar al Tercer Mundo que ella se las arregló para convertir en mero espectáculo, gracias la letra de sus canciones, de inspiración claramente capitalista, y a us contorsiones, descaradamente sexuales. Madonna se convirtió sí en uno de los símbolos más espectaculares de la década. Vistió provocativamente la bandera americana y aseguró que el dinero es o mejor del mundo porque te da la libertad. Tal vez fueron ella y Gorby los personajes que más titulares consiguieron acaparar. La glesia atacó *Like a Prayer*, por el que Pepsi había pagado cinco nillones de dólares, y tuvo que ser retirado por escandaloso; y las eministas la acusaron de degradar a las mujeres en otro vídeo, *Open Your Heart*. Se arriesgó a trabajar en Broadway, en una obra eatral de David Mamet titulada *Speed the Plow* haciendo, curiosa-

---

4 Cf. Rosa María RODRÍGUEZ MAGDA, *La sonrisa de Saturno. Hacia una teoría ransmoderna*, Barcelona, Anthropos, 1989, p. 230.

mente y por una vez en su vida, no el papel de protagonista sino el de víctima. Era la tercera en la lista de actores y cantantes más ricos del mundo (Bill Cosby y Michael Jackson a la cabeza), montó su propia productora en Hollywood, la Siren Films, se puso dientes de oro, publicó libros pornográficos y declaró que, cuando se jubilase, inauguraría, cómo no, una galería de arte. Con este curriculum (lo único que no hizo fue presentarse a las elecciones, como Cicciolina -ex-mujer de Jeff Koons y madre de su hijo), no es de extrañar que la prensa hablase tanto de la era Reagan como de la era Madonna[5].

La obra de arte en la época de la reproducción mecánica perdió su aura. La modernidad, revolución contra el *Establishment* en sus comienzos, se subastó. El arte significó no más que dinero[6]. Todos fuimos famosos durante al menos diez minutos. Los automóviles se anunciaban en la tele con ópera como música de fondo; los Festivales Internacionales de Música y las grandes exposiciones atraían a multitudes; los ejecutivos alquilaban los espléndidos y lujosos espacios de los museos para sus fiestas (Filadelfia, Chicago, Boston, Carnegie Institute, Kennedy Center...), y las madres para la boda de sus hijas (una sola sala por la módica cantidad de 2.000 dólares). Consumo, hipermanierismo, repetición, imitación, copia, no-origen, anti-teleología, disolución del *yo*, ecos y referencias lúdicas, intransitividad: reinventar las vidas de otros mediante la falsificación descarada, hiperevaluación del significante, peregrinaciones de los *enfants du siècle* avanzando por el territorio del *entre* derrideano hacia los umbrales de Peter Handke. "Es imposible saber si algo es original hasta que todo el mundo haya hecho lo mismo"; "Me siento dividida en dos personas, de las cuales una, la real, la genuina, se erige solitaria, mientras que la otra, feliz imitación de la primera, tiene relaciones con el mundo. El primer *yo* queda a distancia,

---

[5] Para una explicación más detallada del fenómeno Madonna es excelente el artículo de Carla Freccero titulado "Our Lady of MTV: Madonna's 'Like a Prayer'", aparecido en el número que *boundary 2. A journal of literature and culture* dedica a la relación entre feminismo y posmodernismo (Margaret Ferguson y Jennifer Wicke, eds., vol. 19, núm. 2, Summer 1992). Freccero ofrece además una bibliografía sobre Madonna en las notas a pie de página.

[6] Cf. Francisco NIEVA, "Guía para comprar un cuadro y no hacer el ridículo", *ABC de las artes*, 29 de enero de 1993, pp. 38-39.

npasible, irónico, observándolo todo pasivamente"[7]. Como el suje-
o, un cuadro dejó de ser un todo coherente para convertirse en "una
erie de imágenes, ninguna de ellas original, que se mezclan y cho-
an entre sí. Un cuadro es un mosaico de citas con procedencias
uy diversas". La muerte de los referentes recordaba a los eternos
opistas que fueron Bouvard y Pécuchet y al Don Quijote de Bor-
es, un hombre que no deseaba hacer una reproducción mecánica
el original, no quería copiarlo, sino que sus páginas concidieran
on las de Cervantes; seguir siendo Pierre Menard y llegar a *Don
uijote*: "Nos han destronado, desde el siglo XIX, con la muerte de
ios, del hombre, del arte... No se trata más que de la progresiva
escomposición de una fe perceptiva fundada desde la Edad Media
a partir del animismo, en la unicidad de la creación divina, la
bsoluta intimidad del universo y del Hombre-Dios del cristianismo
gustiniano, ese mundo de materia que se amaba y se contemplaba
n su Dios único. En Occidente, la muerte de Dios y la muerte del
rte son indisociables y *el grado cero de la representación* no hace
ás que llevar a cabo la profecía enunciada mil años antes por
icéforo, patriarca de Constantinopla durante la querella iconoclas-
a: 'Si se suprime la imagen, no sólo desaparece Cristo, sino el uni-
erso entero'"[8]. Como dijo Douglas Crimp, algunos artistas incor-
oraron la ambivalencia del intelectual que carece de identidad de
lase y de perspectiva política, dejándose abrazar por preguntas
obre la identidad y la realidad que son especialmente perturbadoras
a una sociedad post-tecnológica: en toda cultura de la imagen, del
ídeo, del fax o del ordenador, donde todo es apariencia, el realis-
o es, paradójicamente, una verdadera obsesión, y "para que una
evocación sea creíble tiene que ser absolutamente icónica, una
opia verosímil, ilusoriamente 'verdadera' de la realidad represen-
da...el 'todo verdadero' se identifica con el 'todo falso'. La irreali-
ad absoluta se ofrece como presencia real"[9].

[7] Sherrie Levine, "Five Comments", *Blasted Allegories*, Brian Wallis y Marcia
ucker (eds.), The New Museum of Contemporary Arts, The MIT Press, Cambridge,
ass., 1987, p. 92.

[8] Paul Virilio, *La máquina de la visión*, Madrid, Cátedra, 1989, pp. 29-30.

[9] Umberto Eco, *La estrategia de la ilusión*, Barcelona, Lumen, 1986, pp. 17
19.

La nueva visión del mundo configuró una nueva filosofía, cuyo padre fuera acaso Nietzsche, el loco de la linterna anunciando la muerte de Dios y una filosofía del martillo que Hitler retomaría a su modo. Después Heidegger nos introduciría en conceptos tales como los de *abierto*, ser-en-el-mundo, *Gelassenheit*, *Holzwege*, ser proyectante, o el arduo camino de la apariencia, enseñanzas que fueron muy útiles a un poeta como George Oppen. Foucault llegaría más lejos y plantearía la muerte del propio hombre, y Baudrillard aseguró que todo es un simulacro, una copia del original, un reflejo de la Idea, pero que, a diferencia de lo que ocurría en la cueva platónica, la Idea, perfecta, sublime, no existía en el fin de siglo. La filosofía se tornó, cuando menos, problemática: se convirtió en "la cuestión de la posibilidad de la cuestión" (Derrida) inmersa en la "ruina de la representación", la "muerte del sujeto" o la "clausura del saber absoluto". El pensador del fin de milenio fue el filósofo nietzscheano del peligroso *quizás* que elaboró la "filosofía de la sospecha" (Lyotard) y criticó las ideologías dominantes y las pseudorracionalizaciones de la vida cotidiana. El fin de siglo dejó de creer en los "grandes relatos": el ángel de la luz y de la verdad se habían deformado, curvado, roto, creando así extrañas paradojas. "El mundo se convierte en un juego de espejos, un teatro, donde las relaciones, las referencias que el logos imponía caen por tierra hechas añicos... Este espejo refleja... pero jamás refleja lo que verdaderamente es... no puede revelar, manifestar lo que en realidad existe... No descubre, oculta... No nos 'conduce' hacia la Verdad, sino que nos seduce... El espejo nos devuelve *Dissoi Logoi*, un discurso doble, exactamente, un enigma...muestra lo negativo de cada presencia, lo ficticio de todo manifestarse, la esencia fenoménica de toda realidad, la 'lethe' constitutiva de toda 'aletheia'"[10]. El sujeto era, según Lyotard, un simple producto de la máquina de la representación que desaparecía con ella. El cuerpo *fin-de-siècle* era el cuerpo sin órganos de Artaud; un "espacio negativo" (Rosalind Krauss), una "pura implosión" (Lyotard) o un "mecanismo aleatorio" (Serres). El hombre se sentía fragmentado, a la deriva, sin saber de dónde venía

---

[10] Massimo CACCIARI, "Acerca del espejo en Platón", *La balsa de la medusa*, núm. 8, 1988, pp. 11 y 14.

hacia dónde iba, inmerso en la desfundamentación nietzscheana,
nde la jerarquía especulativa de los conocimientos da lugar a una
d inmanente cuyas fronteras no dejan de desplazarse en una conti-
a diseminación de juegos del lenguaje. Convirtieron la filosofía
una investigación de inestabilidades que producía lo desconoci-
, que sugería un modelo de legitimación de la diferencia entendi-
como paralogía. Como Abu, el ordenador de *El Péndulo de Fou-
ult*, no hubo palabra clave. O, como Belbo, tornaba interrogativas
das sus afirmaciones y sarcásticas sus preguntas. Filosofar ya no
a desear la sabiduría, sino desear el deseo. Lo que se propuso fue
a filosofía de lo sublime (véase *El entusiasmo*, de Lyotard) que
nunciaba a la aspiración de presidir el inefable tribunal de la
azón que desde el principio había guiado a la metafísica occiden-
l en su intento de enseñar a la mosca de Wittgenstein a salir de la
tella. La conciencia de fin de siglo abría sus puertas al cinismo, a
simulación y a la superficie como única profundidad. Y lo que
ndamentó esta situación fue un cierto "pensamiento débil"
attimo), una forma de pensar que operaba en términos para-
jicos, que se ganó tantos seguidores como críticas.

El pensamiento débil fue quizás el reflejo más directo de la
mprecisión gnoseológica" a la que llevó el principio de inde-
rminación de Heisenberg. La Física Cuántica había anunciado
mpo atrás un universo entrópico y acausal donde no se podían
cer predicciones de validez absoluta, sólo describir la probabili-
d de los eventos (la Química también experimentó procesos de
te tipo; por ejemplo, cuando se le concedió a Ilya Prigogine el
emio Nobel de Química por su trabajo sobre las llamadas "es-
ucturas disipadoras"). Estos cambios en la Física influyeron, sin
da, en las formas de pensamiento, pero también en el arte y la
eratura. En este último campo, los ejemplos más evidentes fueron
novelista Thomas Pynchon y el poeta Charles Olson, quien leyó
n gran interés a A. N. Whitehead. En este universo entrópico ya
se aceptaba al ser como presencia, sino que se prefería, según
mentara Derrida en la *Diseminación*, la multiplicidad, la con-
sión y fusión de las cosas. Como dijo Rosa María Rodríguez, la
ns/post/modernidad fue el retorno, la copia, la pervivencia de una
odernidad débil, *light*. Fue esa zona contemporánea transitada por
das las tendencias, los recuerdos, las posibilidades; transparente y

aparencial, voluntariamente sincrética en su multicronía. La trans
modernidad fue un eclecticismo canallesco y angélico a la vez, l
galería museística de la razón que había fenecido. "Hoy –coment
Wittgenstein– somos incapaces de delimitar con claridad los con
ceptos que utilizamos, y no porque no conozcamos su verdader
definición, sino porque no hay definición verdadera de ellos": po
toda definición tuvimos "la ausencia de criterios para pensar" (Lyc
tard). Habitamos "un universo en perenne licuación en el que n
existen ni siquiera líneas cosmológicas precisas ni nexos tempora
les... los caracteres surgen y afloran con aire indolente, se insinúa
desde la nada... es una sinfonía submarina de enlaces y suave
fragmentaciones, una danza gelatinosa de cometas autófagos"; o
universo era "como una cebolla, y una cebolla es todo piel, ima
ginémonos una cebolla infinita cuyo centro está situado en toda
partes y su circunferencia en ninguna" (Eco). "Ninguna teoría e
capaz hoy de explicar lo que pasa", aseguraba Baudrillard, mostrán
dose así en favor de la superación de la modernidad y en contra d
los ideales de la Ilustración. La indiferencia ante las grandes utopía
del Marxismo, del Liberalismo o del Feminismo, por ejemplo, no s
tradujeron ni en nostalgia ni en angustia, sino que, ya se mencion
la única angustia era la angustia ante la falta de angustia. La situa
ción se parecía a la de la araña de Kierkegaard, al batir inútil
desolado de las ocho patitas en el vacío, pero despojada de tod
desesperación. La pantalla del vídeo o del ordenador fueron la
superficies donde se reflejaba el narciso contemporáneo, quie
como la estúpida sonrisa del gato de Lewis Carroll, carecía d
profundidad. Al final, lo que quedó fue una extraña mezcla de pes
mismo político y cultural, de indiferencia lúdica y juguetona con l
que cierta parte de la intelectualidad occidental deseaba recibir e
fin-de-siècle.

Según anunció con nostalgia un crítico marxista como Jameso
el nuevo sujeto carecía de ideología: a la generación de adolescer
tes del fin de siglo, Rimbaud les sonaba a Rambo, Marx se parec
peligrosamente al nombre de una chocolatina, Lévi-Strauss dejat
de ser un antropólogo para pasar a ser la marca de unos pantalon
vaqueros y PC ya no significaba "Partido Comunista" sino "Pers
nal Computer". Así, Debord aseguró que la primera intención de
cultura del espectáculo era precisamente hacer desaparecer el con

imiento histórico: el espectáculo organizaba con destreza la igno-ancia de lo que sucedía e, inmediatamente después, el olvido de lo ue, a pesar de todo, había llegado a conocerse. Lo más importante ra lo más oculto[11]. El espectador había de aceptar las imágenes ue otros habían seleccionado para él, y eran esas las que, poco a •oco, a través del síndrome del pulsador, iban configurando su 'isión del mundo. El mundo se nos presentaba desde un punto de 'ista determinado, y la repetición continua de las imágenes hacía ue casi llegásemos a creérnoslo. Según Debord,

> el individuo a quien ese pensamiento espectacular empobre-cido ha marcado profundamente, y más que cualquier otro elemento de su formación, se coloca ya de entrada al servi-cio del orden establecido, en tanto que su intención subjeti-va puede haber sido totalmente contraria a ello. En lo esen-cial se guiará por el lenguaje del espectáculo, ya que es el único que le resulta familiar: aquél con el que ha aprendido a hablar. Sin duda intentará mostrarse contrario a su retóri-ca, pero empleará su sintaxis. Este es uno de los más impor-tantes éxitos obtenidos por la dominación espectacular[12].

Las grandes utopías como el Marxismo no andaban muy bien de alud (de pronto nos enteramos de que Marx estaba muerto y ente-rado). El eclipse de la creencia y de lo político: fue un momento histórico en el que toda la sustancia de lo político se vino abajo, un momento en el que ya nadie deseaba asumir el poder, no por cierta lebilidad histórica o de carácter, sino porque el secreto se había perdido y nadie quería aceptar el desafío[13]. El "todo vale" no fue un ema de rebelión, sino de pautas de vida tan diversas que permitie-on cualquier tipo de rebelión, pero no una sola, integrada y de un único objetivo. Este pluralismo resultó ser, para algunos, señal de

---

[11] DEBORD, *Comentarios a la sociedad del espectáculo*, pp. 25 y 32.

[12] *Ibid.*, pp. 44-45.

[13] Jean BAUDRILLARD, *Olvidar a Foucault*, Valencia, Pre-textos, 1986, p. 80. Uno le los narradores de Kundera llega a decir en relación con esto que "el político es en a época actual una figura ridícula" (*La inmortalidad*, Barcelona, Tusquets, 1990, p. 32).

conservadurismo. No fue una década llena de oleadas de esperanza
en aumento ni de resacas de profunda desesperación. Las distincio-
nes de este tipo eran irrelevantes[14]. Nuestras utopías recordaron
entonces bastante la etimología de la palabra: utopía significa en
griego "no lugar", no es la descripción de un paraíso, de un estado
político ideal, sino más bien de la pérdida o abandono de las aspira-
ciones idealistas de la modernidad[15]. Por eso Jameson dudó que
esta época llegara a ser capaz de convertirse en un movimiento de
resistencia contestatario y de subversión. Jameson criticó el fin de
siglo porque, según él, era un momento incapaz de concentrarse en
su propio presente, una sociedad incapaz de enfrentarse al tiempo y
a la historia, el reflejo de la lógica cultural del capitalismo tardío.
Fue una de las acusaciones más terribles contra el capitalismo de
consumo.

Los espíritus de la cultura se sentían tranquilos, o al menos indiferentes, ante una serie de fenómenos (la degradación de la capa de
ozono, la destrucción de bosques y océanos...) que a sus antepasa-
dos modernistas les hubieran puesto los pelos de punta. En realidad,
a veces es un simple cambio de nombre el que tranquilizaba: no se
hablaba de vejez sino de tercera edad, un asesinato político podía
convertirse en suicidio; ya no había mentiras sino desinformación
que contenían cierta dosis de verdad pero deliberadamente manipu-
lada, o "infotácticas", estratagemas y juegos de poder. De ahí que
una escritora lesbiana como Jeanette Winterson definiese la de los
80 como la década de la Gran Mentira: por primera vez, dijo, men-
tir se había convertido en un modo aceptable de discurso, en una
alternativa realista a decir la verdad[16]. El nuevo sujeto habitaba la
era de la informática, caracterizada, como curiosamente dejó bien
claro el conflicto del Golfo, por el secreto que subyace al simulacro
de la información ("De lo que no se puede hablar, es mejor callar-
se", dijo Wittgenstein al final de su *Tractatus*).

---

14   Agnes HELLER y Ferenc FÉHER, *op. cit.*, p. 240.

15   Cf. David ROSS, "Preface", en *Utopia/Post-Utopia. Configurations of Nature
and Culture in Recent Sculpture and Photography*, Boston, ICA, 1988, p. 8.

16   Jeanette WINTERSON *et al.*, "Revolting Bodies", *New Statesman and Society*,
vol. 2, no. 8, p. 33.

El poder estaba más presente en el territorio de la información que en el de la política. Se hicieron realidad aquellas palabras de Francis Bacon que decían "El conocimiento en sí es poder". Con un simple módem, todos podíamos acceder a una extraordinaria cantidad de información científico-técnica, médica, etc., hecho que provocó que el paciente dejase de reverenciar al médico o que el empleado accediese a información hasta entonces monopolizada por los altos cargos directivos. El del fin de siglo no fue el imperio de las chimeneas, típicas de la "Segunda Ola" (Toffler) o revolución industrial, sino precisamente aquel que en su día predijera Churchill: "Los imperios del futuro son imperios de la mente". Este triunfo de la mente se reflejó en el tipo de fortunas que se reunieron: los más ricos ya no eran los fabricantes de coches, de ferrocarriles o los reyes del petróleo, sino, como dice Alvin Toffler, "la última lista de los 10 multimillonarios estadounidenses más ricos publicada por la revista *Forbes* incluye a siete cuyas fortunas están basadas en los medios de comunicación, en los sistemas de comunicación o en los ordenadores –bienes intangibles, o servicios más que bienes tangibles, y fabricación–. Reflejan lo que los japoneses han dado en llamar 'intangiblenomía'"[17]. Ya no estaba de moda la producción en masa, sino que el creciente narcisismo y ansia de ser diferente obligó a las grandes compañías a fabricar series limitadas de artículos (coches, por ejemplo); este tipo de producción fue posible precisamente gracias a la tecnología informática. El fin de siglo fue el umbral para pasar del teléfono al fax, de las tarjetas de crédito a las tarjetas "inteligentes", de las vulgares xerox tradicionales a las fotocopiadoras de bolsillo de 130 gramos.

En el fin de siglo, estos cambios tecnológicos tan espectaculares influyeron, cómo no, en la política. Toffler, por ejemplo, estaba convencido de que más que un "fin de las ideologías" veríamos brotar "una gran diversidad de nuevas ideologías... puede que nos encontremos frente al final de la democracia en la forma que la conocíamos –la democracia de masas–. La economía avanzada, basada en ordenadores, información, conocimiento y profunda comunicación, pone en tela de juicio todas las defensas tradiciona-

---

17 Alvin TOFFLER, *El cambio del poder*, Barcelona, Plaza & Janes, 1990, p. 49.

les de la democracia y nos desafía a redefinirlas en términos válidos para el siglo XXI"[18]. Las nuevas tecnologías, creadas en gran medida para el enriquecimiento de empresas como IBM o Bull, llegaron a tener, sin quererlo a veces, un extraordinario poder político y económico, al transmitir información muy valiosa en cuestión de segundos. Por eso Lech Walesa llegó a decir, a propósito de los cambios en Europa Oriental: "Estas reformas son el resultado de la civilización –de los ordenadores, de la televisión por satélite y otras innovaciones–, que presentan soluciones alternativas".

Jean Baudrillard, uno de los sociólogos más interesantes y polémicos del momento, dijo que "la guerra del Golfo nunca existió". Naturalmente, la frasecilla causó su impacto. Lo que Baudrillard planteaba es que el conflicto lo vivimos todos a través de la imagen que aparecía en las pantallas de nuestros televisores, y que habíamos de creer lo que los medios de comunicación nos transmitían. ¿Pero qué pensar cuando no coincidían las noticias? Cuando el número de muertos o de aviones derribados dependía del lado que daba la información. ¿Qué es lo que realmente pasó? O peor aún, ¿qué pasó después? La sociedad no sabía dónde estaba la verdad; era una sociedad más allá del bien y del mal que buscaba lo más falso que lo falso, la ilusión y la apariencia. Tras la imagen horrenda de una niña mutilada en un atentado, el telediario nos contaba las próximas tendencias de la moda primavera-verano. En este sentido fue curioso comprobar cómo la fabricación de armas y de drogas no fue lo único que movió cantidades ingentes de dinero. También la moda, el éxtasis de lo bello, esa forma pura y vacía de una estética giratoria, el éxtasis de lo real.

La moda resultó ser una de las manifestaciones más frívolas, y a la vez más increíbles, de la personalidad del sujeto débil de final de siglo. Su protagonismo fue, para algunos, señal inequívoca de que el pensamiento estaba en desorden; para otros, artificialidad y simulacro (Baudrillard), estética de la desaparición (Virilio), arte de la era de la inflación (Newman) o reflejo de la lógica del capitalismo tardío (Jameson). Apoteosis del envoltorio. Orgía de la apariencia, realidad del equívoco, moral de la trampa. La moda creó una identi-

18 *Ibid.*, p. 300.

dad-sucedáneo que trajo consigo una felicidad-sucedáneo. La moda era, no sólo un arte, sino también un factor económico de primer orden, si tenemos en cuenta todos los hilos que se movían a la par: diseñadores como Saint Laurent, Armani, Calvin Klein, Gianni Versace, Christian Lacroix, Lagerfeld, Coco Chanel o Christian Dior se cotizaron en la Bolsa y cenaron con princesas cuyo equipaje llegó a pesar, por ejemplo en el caso de Lady Di, cien mil libras esterlinas) y cuatro toneladas; hubo revistas de enorme tirada como _Vogue_ o _Elle_; _top models_ que llegaban a ganar 400 millones al año; desplazamientos y estancias de esposas multimillonarias en los mejores hoteles parisinos para ir a probarse la moda de alta costura. Resultado de todo ello fue que algunas de las mujeres de los grandes magnates llegaban a gastar hasta 36 millones por temporada[19]. La moda reflejaba la fiebre contemporánea de las novedades y, a la vez, el aburrimiento de sus indolentes seguidores, cuya única lógica era la de la inconstancia. Como dijo Margerite Rivière, la moda consiguió lo imposible: la convivencia simultánea del pluralismo y la tiranía. La moda creaba la identidad de los personajes y sustituía a la ideología, a la religión e incluso se apoderó de la historia. La moda sustituyó al pensamiento y se convirtió en expresión misma del pensamiento contemporáneo. Fue la bitácora que permitía cierta orientación en la apoteosis de la cultura de la apariencia[20]. La moda estaba al mando de una sociedad esquizofrénica donde

> en menos de medio siglo la seducción y lo efímero han llegado a convertirse en los principios organizativos de la vida colectiva moderna; vivimos en sociedades dominadas por la frivolidad, último eslabón de la aventura plurisecular capitalista-democrática-individualista ... ¿Anuncia este hecho un lento pero inexorable declive de Occidente? ¿Hay que reconocer en ello el signo de la decadencia del ideal democrático? Nada más banal, más comúnmente extendido que estigmatizar, por otra parte no sin alguna razón, el nuevo

[19] Cf. Nicholas COLERIDGE, _La conspiración de la moda_, Barcelona, Ediciones B, 989.

[20] Cf. Margarita RIVIERE, _Lo cursi y el poder de la moda_, Madrid, Espasa-Calpe, 992.

régimen de democracias carentes de grandes proyectos
colectivos movilizadores, aturdidas por los goces privados
del consumo, infantilizadas por la cultura-minuto, la publi
cidad, la política-espectáculo. El reino último de la seduc
ción aniquila la cultura, conduce al embrutecimiento gene
ralizado, al hundimiento del ciudadano libre y responsable
el lamento sobre la moda es el hecho intelectual más com
partido[21],

acaso porque ese mundo superficial de frivolidades nos permitía
olvidar una verdad aterradora, que el 25% del planeta estaba literalmente devorando al otro 75%

El mundo del nuevo sujeto fue un mundo de lo "obeso" (Baudrillard), la "era del vacío" (Lipovetsky), donde comer no era una
necesidad, sino una forma de dejarse ver: como les ocurre a algunos
de los personajes de la última novela de Malcolm Bradbury (*Doctor
Criminale*) o de Bret Easton Ellis (*American Psycho*), dime dónde y
con quién comes y te diré quién eres. La identidad dependió de las
marcas de los diseñadores que se vestían[22] y de los nombres de los
restaurantes a los que se iba: ¿quién es Gio?, pregunta un anuncio
reciente creado por David Lynch. Gio es el último perfume de Giorgio Armani. Parafraseando a Eugenio Trías, podríamos decir que el
"yo" era una instancia *conceptual* que mencionaba un fenómeno
frecuente: "la *condensación*, en una coyuntura determinada, de
varias máscaras ... A fuerza de repetir los papeles que la sociedad le
asignaba, el sujeto terminaba por 'creérselos'"[23]. Según Baudrillard, la moda mantenía como único secreto el de introducir la apariencia de la novedad radical sin que se diese en realidad ningún

---

[21] Gilles LIPOVETSKY, *El imperio de lo efímero. La moda y su destino en las
sociedades modernas*, Barcelona, Anagrama, 1990, p. 13. Ésta es la opinión tradicional, que Lipovestky ataca: "El vituperio moralizante contra la moda debe ser superado: más allá de su irracionalidad y de su aparente derroche. Contribuye a una edifi-
cación más racional de la sociedad en cuanto a que socializa a los seres en el cambio
y los prepara para un reciclaje permanente" (p. 201).

[22] "'If you don't like my clothes that means you don't like me,' said Ildiko ...
'No, it doesn't ... your clothes aren't you,' I said, though I was not sure I believed it
(Malcolm BRADBURY, *Doctor Criminale*, pp. 194-195).

[23] Eugenio TRÍAS, *La dispersión*, Barcelona, Destino, 1991, pp. 111 y 115.

ambio sustancial. La moda no sólo dictaba el largo de la falda, ino también el talante, la emoción y las conductas que se llevaban. Aparentar lo que no se es había dejado de ser un crimen para pasar ser una necesidad: por ejemplo, lo que se llevaba no era ser joven, ino aparentar que se era eternamente joven (lo cual, dicho sea de aso, resultaba bastante caro). La moda nos puso al alcance de la mano la ilusión de convertirnos en aquello que nos gustaría ser. La imagen que ofrecimos a los demás era la que situábamos en el mercado social en espera de ser aceptados, deseados, comprendidos. En a sociedad de la imagen, fuimos nuestro propio anuncio. Por eso Aranguren señaló que "nos vendemos a nosotros mismos, intentamos convertirnos en valor estético, porque en nuestro tiempo es la imagen lo que vende, y de hecho se dice ya como elogio de alguien que *sabe venderse muy bien*". La moda fue el signo más espectacular de un sujeto parasitario.

A esta cultura la denominó un artículo sobre Wall Street publicado en *New Republic* "la cultura del dinero"[24]. En el núcleo estaba la creencia de que acumular riquezas era algo moral e incluso espiritualmente virtuoso[25]. Sustituyendo a la metafísica, es en este momento cuando empezó la patafísica de los sistemas, la catástrofe del sentido, la multiplicidad de interpretaciones, la gaya ciencia, la filosofía nietzscheana del peligroso "quizás". Lo que fascinaba era la monstruosa conformidad con el espacio vacío, la redundancia de

[24] John TAYLOR, *El circo de la ambición. La cultura del dinero y del poder*, Barcelona, Anagrama, 1990, p. 13.

[25] Ya Andy Warhol señaló en una ocasión que "Shopping is more American than thinking". Y una obra de Barbara Kruger reza: "I shop, therefore I am". La obsesión por el consumismo y el dinero aparece también en *Doctor Criminale*, que refleja de nuevo con extraordinaria ironía uno de los síndromes típicos del fin de siglo: "shopping is the only eroticism we have left" (p. 162). "'Half the people of the world starve or fight each other. Meanwhile where is the new life conducted? In the shopping mall. On the one hand, crisis and death, on the other the joys of the meat counter, the sorrows of the pants department. When we reach a certain point of wealth, everyone asks, where do I find myself? The answer? Hanging on a peg in the clothes store, newest fashion, designer label, for you reduced by thirty per cent. Why is there trouble in Russia? Because they have not yet invented the store ... That is why they want to become American. They too like to be born to shop'" (p. 163). "It is an age of everything and nothing. It is culture as spectacle, designer life, the age of shopping" (p. 149).

lo superfluo. El principio del exterminio no fue la muerte, sino la indiferencia estadística[26].

Pero el nuevo sujeto era un náufrago que ya no sentía angustia ante ese estado a la deriva, ante la falta de una tierra firme en la que apoyarse (era, pues, nihilista en el sentido de Nietzsche: "A lomos de todas las paradojas se cabalga hacia todas las verdades"). Se parecía a Eurínome, la Diosa de todas las cosas que surgió desnuda del Caos, pero que no encontró nada sólido en que apoyar los pies. Como los personajes de las novelas de Donald Barthelme, sólo confiaba en los fragmentos, en la confusión, en el jaque mate asestado al triunfo de la razón, en el resurgimiento de lo irracional, lo onírico, lo paradójico. La única subjetividad posible entonces era, según Bonito Oliva, aquella que se conformaba a base de conceptos tales como los de metamorfosis, provisionalidad, contradicción y amor al detalle. "¿Quién nos guiará?", preguntó *Gabinete Caligari*, una vez los grandes héroes habían muerto, igual que las ideologías y los dogmas. La idea de centro, de la Verdad absoluta o de la unidad, había sido sustituida por la de fragmentación y apertura, por un territorio de confines imprecisos donde la única estructura posible era dialógica (en el sentido de Bakhtin). El sujeto aceptó el vértigo al que se refiere Kundera cuando en *La insoportable levedad del ser* asegura que "no es la necesidad, sino la casualidad, la que está llena de encantos... El vértigo es algo diferente del miedo a la caída. El vértigo significa que la profundidad que se abre ante nosotros nos atrae, nos seduce, despierta en nosotros el deseo de caer... El vértigo es la llamada de una dulce (casi alegre) renuncia"[27]. El sujeto no sentía indiferencia, sino, como dijo Derrida, ausencia de diferencia entre la diferencia y la no-diferencia.

La autenticidad cedió el paso a la simulación, al mundo del simulacro, de la hiperrealidad de Disneylandia. Según predijera Martin Heidegger, el avance de la tecnología y la consiguiente depravación de la realidad fueron hechos inevitables. Así, Ros, uno de los personajes de *Doctor Criminale*, es "media wise", y aparece desde el principio de la novela envuelta literalmente "in all the

---

26 Jean BAUDRILLARD, *Las estrategias fatales*, Barcelona, Anagrama, 1985, p.37.

27 *Ibid.*, pp. 57 y 67

sonrisa superficial, que seguía allí hasta mucho después de que la emoción verdadera hubiese desaparecido. El sujeto sonreía por la necesidad de sonreír, para demostrar que, a falta de identidad, poseía una maravillosa dentadura.

El vídeo, el ordenador y la televisión fueron las pantallas superficiales que sustituyeron al espejo del Narciso tradicional. Según Baudrillard, en la sociedad postecnológica ninguna dramaturgia del cuerpo ni ninguna *performance* podía prescindir de una pantalla de control –no para verse o reflejarse, con la distancia y la magia del espejo, sino como refracción instantánea y sin profundidad–. El vídeo sólo servía como pantalla de refracción extática sin relación con la imagen, la escena o la teatralidad tradicional. Ya no servía para jugar o contemplarse, sino *para estar conectado con uno mismo*[31]. Por eso se puso de moda el sexo (¿el amor?) por ordenador y las líneas del 903. Fue el amor perfecto, porque, como escribió David Leavitt en *Equal Affections*, era un amor en el que era imposible el encuentro real entre los amantes. No había que tocar al otro, ni siquiera mostrarse físicamente. No había responsabilidad alguna. Walter sabía que, entregándose cada vez más al ordenador, su vida exterior acabaría desgastándose, rompiéndose como una vaina seca. El amor informatizado rompió la barrera entre los hechos y la imaginación, pues se creía que en el fondo no somos sino voces, impulsos eléctricos. Cuando un amor ya no convenía, se buscaba otro amigo distante con el que pasar las horas más solitarias. Acaso el amante post-industrial[32] había quedado tan desilusionado con la realidad desenmascarada que con objeto de salvar en lo posible sus fantasías había decidido usar el medio electrónico, el único que le proporcionaba "la seguridad del aislamiento, la seguridad del control. Voces, palabras y números de teléfono llegan a tra-

---

[31] *Ibid.*, p. 55.

[32] Hay un interesante recorrido por la historia del concepto de lo post-industrial según lo entienden Daniel Bell, Alvin Toffler, Marshall McLuhan, Jean Baudrillard, Dick Hebdige y Alain Touraine, entre otros, en el segundo capítulo ("Defining the post-industrial") del libro de Margaret A. ROSE titulado *The post-modern and the post-industrial. A Critical Analysis*, Cambridge, Cambridge University Press, 1991.

és de los circuitos, pero siempre se podía colgar, siempre se podía
alir. No había nada que arriesgar, nada que perder"[33].

La nuestra fue una cultura anoréxica, cultura de la desgana que
echazó la carencia y que a la vez carecía de todo. Era el universo
e después de la orgía, donde ya nada tiene sentido. Todo vale, todo
stá permitido. Y precisamente por ello ni siquiera el sexo era per-
erso. Los héroes de las novelas eróticas tradicionales encarnaban
l triunfo del sexo y del placer; en nuestro fin de siglo, los andrógi-
os asexuados, como los llamó Estrella de Diego en un magnífico
ibro[34], personajes como Michael Jackson o Prince, plantearon la
uestión del juego de la diferencia y de su propia indefinición.

Supimos que ya nunca volveríamos a ser hijos de las flores; ya
o nos creíamos aquello de hacer el amor y no la guerra, porque el
mor, como dijo Umberto Eco, no era más que un discurso, y la
guerra una constante. El sujeto recurría al psicoanálisis a causa de
una falta de amor: la cama de la consulta del psicoanalista fue el
único espacio explícitamente designado por el contrato social para
ablar de las heridas, de la posibilidad de recibir a nuevas personas,
nuevos discursos de amor[35] que, como el amante de Marguerite
Duras, nos confirmaran nuestra levedad. Este fin de siglo, tan obse-
ionado por el amor (¿por el sexo?)[36], convirtió el amor en una fan-
asía, en un simulacro, en un discurso más[37]. Nuestro fin de siglo
ue un espacio amoroso insostenible; y el amor, una apariencia
ecesaria que había que reparar, suscitar, promover sin fin, sin

---

[33] David LEAVITT, *Amores iguales*, Barcelona, Versal, 1989, p. 321.

[34] Estrella DE DIEGO, *El andrógino asexuado. Eternos ideales, nuevas estrategias
de género*, Madrid, Visor, 1992.

[35] Cf. Julia KRISTEVA, *Al comienzo era el amor. Psicoanálisis y fe*, Barcelona,
Gedisa, 1986.

[36] "They were children of a time and culture which mistrusted love, 'in love',
omantic love, romance *in toto*, and which nevertheless in revenge proliferated
exual language, linguistic sexuality, analysis, dissection, deconstruction, exposure.
They were theoretically knowing: they knew about phallocracy and penisneid, punc-
uation, puncturing and penetration, about polymorphous and polysemous perver-
ity..." (Antonia S. BYATT, *Possession. A Romance*, London, Vintage, 1990, p. 423).

[37] Cf. Vicente VERDÚ (ed.), *Nuevos amores, nuevas familias*, Barcelona, Tusquets, 1993.

esperanza. Como en la novela de Joyce Carol Oates titulada *Black Water*, fue un amor que nacía y moría en aguas tan negras como faltas de profundidad: Kelly Kelleher murió esperando, pero a lo largo de toda la narración recordamos uno de los mensajes de Jenny Holzer, *Men don't protect you any more*.

Narciso, que se supo insuperable, construyó, sin inquietarse, amores provisionales, arácneos, límpidos. Aun atravesando pasiones o crepúsculos, no fue dramático, romántico, ni febrilmente pornográfico. Como en un vídeo electrónico, imagen en composición-descomposición, el amor fue provisionalmente para toda la vida[38]. El Narciso original había muerto al tomar conciencia de que amaba lo falso. El nuevo Narciso, en cambio, se sintió fascinado por esa ficción. Como Diógenes, falseaba y seducía a un tiempo, creaba todo un espectáculo sin dejar sitio a la melancolía. El espectáculo contemporáneo del amor obligó a la felicidad, a los cuerpos danone. Prohibida la entrada a los tristes, a los viejos y a los gorditos. La publicidad nos recordaba constantemente que si no conseguíamos ser guapos era porque no nos habíamos esforzado lo suficiente, o sencillamente porque éramos unos cretinos. La felicidad no era un derecho; se convirtió en una obligación. El sufrimiento ya no estaba de moda, y aún menos por amor. El nostálgico fue considerado un verdadero disidente radical, contestatario y reaccionario. "No encuentro la paz/Ni de noche ni de día,/Y sin embargo me gusta/languidecer así" es el canto desesperado del joven paje Querubín en *Las bodas de Fígaro* de Mozart: esta nostalgia profundamente saciada y siempre insaciable, la mejor expresión de lo que Narciso habría dicho si hubiera podido cantar, sonaba cursi. Lo que había que hacer era ponerse la sonrisa de Mallarmé, ese enigma capaz de conjugar la ironía del profesor finisecular con el desengaño metafísico ante la vacuidad de los símbolos. El don Juan del fin de siglo fue más irónico que mítico, más laberíntico que reflexivo, más juguetón que melancólico, más estético que ético, más ficticio que real. Hablar de amor en el fin de siglo fue deliciosamente embriagador, arriesgadamente ridículo, en tanto que la existencia de su referente era, cuando menos, incierta. Hablar de amor se convir-

---

[38] Julia KRISTEVA, *Historias de amor*, Madrid, Siglo XXI, 1988, p. 110.

ó, en el mejor de los casos, en un vértigo de palabras, en un cataclismo del después que nunca tuvo un antes. En un momento histórico en el que la tragedia era, según Baudrillard, haber pasado de unos signos que disimulaban algo a otros que disimulaban que no había nada, el amor fue una palabra desgastada, una ficción sin originalidad. Por eso dijo Umberto Eco que toda reconstrucción creíble había de ser icónica, una copia "real" de la realidad que se representaba. Ya no se podía decir "te quiero", porque el lenguaje del sujeto había dejado de ser creíble. La actitud fin de milenio la definía Eco como la de un hombre que ama a una mujer muy sofisticada y no puede decirle "te amo locamente", porque él sabe que ella sabe (y que ella sabe que él sabe) que estas palabras ya han sido escritas por Barbara Cartland. Es decir, que no son originales, y la única solución es volver a la Historia parodiándola: la única solución es decir: "Como Barbara Cartland diría, te amo locamente", con lo cual habría evitado la falsa inocencia y se habría dicho que ya no era posible hablar inocentemente. Si la mujer seguía el juego, habría recibido una declaración de amor en toda regla y ambos habrían entrado en el juego con ironía. El amor, lúdico ahora, se equiparó a esa deliciosa promiscuidad que reside en la indecisión. Como dijo Kristeva, se trataba de construirse un aspecto tan artificial como chocante, una farsa tan violenta como falta de significación, un desafío furioso frente a los ingenuos devotos del auténtico amor. El *look* de las relaciones como anestesia del dolor de lo real. El fin de siglo dio niños confusos, desollados, un tanto repugnantes, sin cuerpo ni imagen precisos, que habiendo perdido su universo de deseo y de poder, sólo aspiraban a reinventar el amor. Los E.T. fueron cada vez más numerosos. El único punto en común con el Querubín de Mozart fueron las palabras, que nos hicieron amar desde el significante ese desarraigado espacio psíquico, siempre imaginario[39].

El amor también perdió fuerza porque ya no había ninguna prohibición. Ya no hubo amores prohibidos, como en el amor cortés; ya no había códigos amorosos. El sexo murió por exceso. Sí, sí,

---

39 Cf. Julia KRISTEVA, *Historias de amor*, pp. 339-340.

el sexo, *caput*[40]. Murió por la evaporación de la diferencia entre el
bien y el mal. Ya no se podía gozar de lo prohibido, sencillamente
porque ya nada estaba prohibido. No hubo transgresión posible porque se había eliminado la idea de pecado. "¿Cuándo comenzamos a
presagiar" –se pregunta Rosa María Rodríguez– "que los rígidos
corsés del puritanismo sólo cubrían vacuidad? Generaciones de
niños, en sus juegos bajo las sábanas, podían rozar el infierno con
las yemas de sus dedos. Bien sabían las damas victorianas de la tur-
bación pecaminosa con que imaginaban sus folletones en la Inglate-
rra decimonónica. Privilegiado Sade a quien aún era accesible la
perversión. ¿Dónde están las turbulentas pasiones que encandilaban
a las vírgenes? Gozar lo prohibido, consumar la corrupción, se ha
convertido en una aventura imposible... la figura del infractor ha
perdido su aureola de maldición irredenta, hasta convertirse en falso
militante... El sexo duerme en todas partes menos en nuestra propia
cama. Significante y supernumerario que recorre la trama de los
significados. Incesto de simulacro y ausencia"[41]. El sexo como
signo de todo, y no todo como signo del sexo. El sexo como mero
significante por estar en todas partes y, como consecuencia, en ninguna. En mayo del 68, el sexo como acto político; a finales de siglo,
como parte de esa indiferencia banal, frívola, del fin de milenio;
parte de ese juego, típicamente bataillano, que nos jugó para entre-
garnos a lo imposible.

Se llegó a una sexualidad sin pasión ni perversión, puro consumo. El amor pasó a ser un producto más. Se transformó en regalos,
en días del padre y de la madre. No en vano, Warhol dijo que comprar era mucho más americano que pensar y una obra de Barbara
Kruger equiparaba comprar a existir (véase nota 25). El lema del fin
de siglo parecía ser "cómpratelo, cómpraselo".

[40] "Sexual eroticism is exhausted". "Sex is sex but cash is better" (Malcolm
Bradbury, *Doctor Criminale*, pp. 162 y 27). Para un comentario sobre la "congela-
ción" de las pasiones en la sociedad post-tecnológica, véase Judith Williamson, *Consuming Passions. The Dynamics of Popular Culture*, London and New York, Marion
Boyars, 1990, especialmente pp. 11-15.

[41] Rosa María RODRÍGUEZ, *La seducción de la diferencia*, Valencia, Víctor Oren-
ga, 1987, pp. 15-16.

Cada mañana, ordenábamos la almohada revuelta, las mantas en desorden, evidencias casi obscenas de nuestros encuentros con la nada. Retornábamos al reino de la apariencia como una fatalidad de lo real que huye de sí mismo. Abríamos las páginas de las novelas entonces al uso: *Snow White* era una Blancanieves con un Príncipe de pacotilla y con unos enanitos que seguían el dicto "aquí te pillo aquí te mato". *Don Quixote* resultó ser mujer en la versión *fin-de-siècle*, vagando por Nueva York con un perro verde por toda protección. En los *Cuentos de las mil y una noches* sólo se tenía el lenguaje para poder sobrevivir, igual que en el corazón del país de William Gass. ¿Acaso fue posible el amor en la fiesta de Gerald? ¿O estuvimos abocados a la esquizofrenia de *American Psycho*? Amores a media luz[42] iluminados únicamente por el brillo de la *goldcard* de *American Express*.

Hubo en el fin de siglo muchas palabras pero poca comunicación, porque tanto el silencio como el tiempo fueron horizontales, sin eco en el futuro. Lo que primó fue la velocidad, de las imágenes, de la vida; la generación joven (fue una verdadera desgracia ser viejo) –el body-builder, el crío en monopatín con su *walkman* por pleno Nueva York tornando frívola aquella cita nietzscheana de ¡Vivid en peligro! y mostrándose indiferente a cualquier catástrofe, el rapper del Bronx, la continua metamorfosis del pelo de Madonna, Prince, el cuerpo-simulacro de Michael Jackson– crecía fascinada por el vacío como rito iniciático, por la seducción de las formas secretas de la pantalla, por la magia de lo efímero y de todo lo sólido que se desvanece. Seducía el exterminio de la razón, la lujuria del momento, la desorientación, la ambigüedad. Al contrario que Ulises, no nos tapamos los oídos al oír el canto de las sirenas. Millones de personas errantes, indolentes, indiferentes, sin utopías, sin héroes a los que imitar (bueno, siempre estaban Dick Tracy y Hernández y Fernández), crearon el entramado de la gran ciudad. De *party* en *party*, acciones como la maratón de Nueva York se convirtieron, dice Baudrillard, en una especie de símbolo artificial de performance fetichista, en la cual se deliraba por una victoria

---

42   Cf. Jay McInerney, *Brightness Falls*, New York, 1992.

vacía y se exaltaba una proeza sin consecuencias. ¿Qué haces de
pués de la orgía?

A finales de siglo, ligar resultó ser algo más complicado que e
la década precedente. El amor resultó ser peligroso y se tornó prof
láctico. A Cupido le confiscaron las flechas porque no las esteriliza
ba después de traspasar a cada nuevo enamorado. Entre la gom
uno y la goma dos, entre el terror del sida y de los atentados, el fi
de siglo eligió la goma de borrar (véase Heidegger y Derrida y s
manía de tachar al Ser) y la gomina de Valentino con la que se jug
a la seducción, sin compromisos que atasen, pero también sin gran
des pasiones ni posibilidad de gozar del erotismo. Todo lo que no
dominó fue pequeñito y *light*, desde los chips de los ordenadore
hasta los virus del sida. Y, mientras que antes podíamos congraciar
nos con los gnomos mediante conjuros de brujas o concesiones d
hadas buenas, todo se estropeó con Pasteur y el microscopio, qu
nos descubrió que en vez de duendes retozones había bacterias, por
querías y toses[43]. Nos parecíamos a aquel niño que en una canció
de Lou Reed encuentra un libro de magia en un *container* de basu
ra. Le pedíamos a la vida lo que a la televisión: poder cambiar de
canal cuando la programación nos aburría. De ahí el inconfesable
desencanto y consiguiente pesadez del amante del fin de milenio
que encandilaba con grandes palabras (logocentrismo, gramatolo
gía, himen, entre, dialogismo, intertextualidad, metahistoria, repre
sentación, sujeto, autor, crisis, crítica); leía a Nietzsche, Heidegger
Wittgenstein, Althusser, Vattimo, Habermas o Lyotard; y se pasea
ba por el Reina Sofía y por el Cock.

La aparición del sida obligó, pues, a reflexionar sobre la promis
cuidad, a ser más cautos, mientras que, paradójicamente, la publici
dad invitaba a un *look* más sexy. Volvía a ser importante conocerse,
entablar una conversación, regalar flores, la calidad antes que la
cantidad. Así, el Sexinform comentaba la clara tendencia, especial
mente entre los jóvenes entre 24 y 36 años, a buscar relaciones esta
bles más o menos duraderas. A pesar del sida, y quizá debido a él,
la seducción sofisticada estuvo más de moda que nunca. Desde
luego, la imagen de los jóvenes desgarbados del mayo francés ya no

---

[43] Rosa RODRIGUEZ, *La sonrisa de Saturno*, p. 226.

estaba de moda; la mujer de los noventa se ponía vestidos ajustados, cuidaba más que nunca su imagen, coqueteaba; las revistas de moda aconsejaban la utilización de infinidad de productos de belleza, y la *superwoman* había de saber compaginarlo todo. Culminaba un declive, el del hombre público, y se imponía el *cocooning* y la domótica: el hogar de los noventa estaba equipado con todo, muebles de diseño, compacts, PCs, faxes. Era la norma social del momento que anunciara John Naisbitt con *Megatrends*. El individualismo más exacerbado, la soledad, pero con todas las comodidades, círculos muy restringidos de amigos elegidos con cuidado. "Go home yuppie": el lugar de meditación ya no era el bar de moda; según un sondeo de la revista norteamericana *Rolling Stone*, la inmensa mayoría de los lectores de la revista deseaba "construir una familia feliz y tener hijos". Las nuevas generaciones resultaron ser mucho más conservadoras, no por más amantes de sus familias, sino por mucho más consumistas, porque necesitan pequeños enormes capitales que sólo el dulce hogar les proporcionaba. El espacio público, cada vez más agresivo, originó la retroprogresión hacia lo privado. Proliferaron los restaurantes a domicilio, incluso se podía pedir el menú por fax, y las estadísticas demostraban que había aumentado a ritmo sorprendente la venta de prendas para estar en casa, así como aparatos de gimnasia, rayos UVA, jacuzzis o saunas domésticas. Además, los defensores a ultranza del espacio privado tuvieron la mencionada domótica de su parte: según la Asociación Americana de Negocios Domésticos, en 1989 había 14 millones seiscientos mil negocios dentro de la propia vivienda, mientras que en 1995 habría más de 20 millones y medio. No hacía falta la presencia indeseable de ningún extraño que recogiese los recados, porque los ordenadores personales lograban que los edificios fuesen "inteligentes", autosuficientes, y a la vez conectaban a sus ocupantes con el resto del mundo: funcionaban de agenda, mensajero, periódico, vídeo-texto; el módem nos conectaba con la biblioteca o con el banco; el *baby-phone*, el canguro electrónico, se activaba cuando el niño lloraba y marcaba automáticamente un número de teléfono programado con anterioridad, y además, había cafeteras programables, fregaderos-lavavajillas por ultrasonidos, etc. La fibra óptica transmitía información a la velocidad de la luz; era capaz de admitir más de cien mil llamadas telefónicas a la vez, televisión por cable, télex, correo electrónico. Gracias a complejos circuitos, se aprovechaba la energía de los ordenadores como calefacción. Los sensores de temperatura de cada habitación detectaban cualquier alteración o señal de alarma. Los dispositivos biométricos, los verificadores fónicos, los circuitos cerrados de televisión, los detectores de contacto magnéticos, los detectores de choques y vibraciones, infrarrojos capaces de ver una masa que atraviesa su campo de acción, sistemas de señales clave, números privados de teléfono, fueron algunos de los dispositivos de seguridad que defendían a ultranza el espacio privado.

La realidad ya no era lo que había sido, y fue en ese momento cuando, según Baudrillard, la nostalgia adquirió todo su significado. Proliferaron los mitos sobre el origen y las señales de realidad, las verdades de segunda mano, los sujetos débiles en el sentido más oscuro del término. En la época en la que lo real no era sino espectáculo, nació la simulación y lo más real que lo real, lo hiperreal. Todo encontraba su realidad en la camaleónica superficie de la imagen. El sujeto, pura pantalla, sabía que no era sino un efecto del lenguaje. Tras las nuevas teorías sobre el conocimiento que surgieron a partir de físicos, químicos y matemáticos como Heisenberg, Prigogine y Mandelbrod, el sujeto carecía de verdades trascendentales y de argumentaciones lineales, de ahí que Bauman afirmase que ya no era legislador sino intérprete. Ya no había grandes teorías, ni grandes proyectos, ni grandes héroes. Los principios de la razón dialéctica habían sido sustituidos por los de la seducción. La eterna pregunta, "de dónde venimos, a dónde vamos" sólo se la hacían los participantes del rally París-Dakar.

Como dijo Foucault en una entrevista para *Telos*, había que reconocer con humildad que ese momento no fue el único ni el más importante, pero que, al mismo tiempo, fue un momento histórico interesante: cayó el Muro y las estatuas de Lenin y Stalin se tambalearon. Se abrieron las fronteras y se hundieron las pateras. Se hablaba del final de la Historia y de un Nuevo Orden Mundial. España estuvo representada en la famosísima Expo con el espectáculo del Lago, un espectáculo que creaba una realidad sin referentes ni profundidades, sólo a base de luz y sonido, puro simulacro de un país que se había hecho famoso de la noche a la mañana. Después, la economía fue un *soufflé*.

El individuo del fin de siglo no creyó en el progreso ("Señores, apéense: el progreso ha terminado", diría Christopher Lasch), ni en la Historia, ni en el sujeto, ni en las perdices ni en los finales felices. Frente al gran relato, abiertamente causal y secretamente teleológico, sus habitantes sentían el después de una historia que nunca tuvo un antes, con su origen mitológico y sagrado, su secreta teleología, su omnisciente y trascendente narrador, y su promesa de un final a alcanzar, ya cósmico ya histórico. "Europa" había sido, desde siempre, un proyecto tremendamente universalista, había sido una cultura que se creía en posesión de la verdad y que había intentado imponerla al resto del mundo. Predominaba lo funcional sobre lo estructural, por ejemplo en el proyecto Thatcher de un "capitalismo popular" en la extrema derecha y en el mayo del 68 de la extrema izquierda. Los movimientos estudiantiles tuvieron un papel cambiante: mientras por un lado luchaban por los derechos civiles y contra Vietnam, los estudiantes chinos preparaban la Revolución Cultural y los de la Universidad de Teherán apoyaban la dictadura de Jomeini. Más tarde, hicieron la Guerra Santa del Golfo. El total relativismo moral de la condición política pudo convertir "las deportaciones en masa y el genocidio... en una cuestión de gusto. (Que esto es mucho más que una posibilidad teórica queda probado por el 'fascismo postmoderno' de Le Pen. Para Le Pen, el Holocausto, sobre el cual estilísticamente argumenta agnosticismo, si en realidad ha ocurrido, es una cuestión menor, cuya evaluación depende en nuestra interpretación más general de los métodos de guerra)"[44]. En Bruselas, hubo soñadores napoleónicos que se dedicaron a reinventar Europa. Los organismos internacionales poco pudieron hacer por la antigua Yugoslavia. Las tensiones tribales y étnicas estaban omnipresentes, pero al gran público le quedaban más próximas las tensiones en el seno de la familia real británica (los líos amorosos aireados por los medios de comunicación de una sociedad postecnológica de la imagen). Tras la muerte del sujeto, en las revistas del corazón triunfó la autobiografía. Y el propio Derrida, que había convertido al autor en un texto, mera combinación de

---

[44] Agnes HELLER y F. FÉHER, *Políticas de la postmodernidad*, Barcelona, Península, 1990, p. 160.

significantes, se convirtió en un mito, dando mucho que hablar
cuando Cambridge lo hizo Honoris Causa. Vattimo, Habermas, De
Man, Lyotard, Baudrillard, Foucault, Fukuyama, fueron otros mitos
de la cultura que, paradójicamente, defendían la desconstrucción de
todo, del autor, de la Historia, de los textos, de la vida misma. Naturalmente, el *yo* era tolerante, escéptico, permisivo, pragmático,
abierto, tardo-liberal. Nada fue verdadero ni cierto. Ninguna ideología, filosofía, sociología o teología, mejor que otra. La disyuntiva
metafísica modernista del bien o el mal había sido sustituida por la
duda patafísica del "¿se lleva o no se lleva?" El "A rose is a rose is
a rose" de Gertrude Stein se convirtió a finales del siglo en "A Rolls
is a Rolls is a Rolls" de *American Psycho*[45] y en una rumba de
Mecano. Según dijo Laurie Anderson, se había perdido la memoria
pero también el juicio[46]. La vida era un espectáculo, un centro
comercial, un infinito show donde cualquier cosa era posible. En
estas circunstancias, el individuo del fin de milenio se sentía identi-
ficado con Alicia cuando, en el País de las Maravillas, ésta le dice a
la Oruga "No sé quién soy". Al individuo del fin de siglo sólo le
quedó el reflejo de sí mismo en el espejo, que, como a la madrastra
de Blancanieves, le mostraba el vértigo que produce el vacío (Baudrillard). El fin de siglo fue el momento histórico del parche (para
que no se note) que configuró la historia en forma de un inmenso
espantapájaros[47], un momento histórico en el que, como dijo
Ronald Reagan, todos fuimos muy felices[48].

---

[45] Bret EASTON ELLIS, *American Psycho*, London, Picador, 1991, p. 342.

[46] Laurie ANDERSON, entrevista con N. Sáenz de Tejada, *El País*, 10-5-1992,
p. 45.

[47] Elena F.L. OCHOA, "Parches", *El País Semanal*, 3-9-1992, p. 152.

[48] Cuentan que, en 1984, Reagan cerró su participación en la Convención Repu-
blicana "leyendo un pequeño papel que saca, como los mejores magos, de algún misterioso y oportuno rincón de su chaqueta. 'Es la carta de un niño, Richard, que me
llegó a la Casa Blanca hace apenas unos días', afirma y sonríe. Poco a poco la impre-
vista lectura va enterneciendo al público, lo hechiza; desde una voz emotiva y firme
llega la posdata: '*Mr. president*', dice Reagan que dice el niño, 'quiero pedirle que
no olvide que América es el mejor país del mundo... sólo aquí, en San Francisco,
tenemos más de cien gustos de helados'. Silencio absoluto en la tribuna embrujada.
'Sí Ricky, tienes razón, América es el mejor país', arremete el presidente, 'y hoy

Parafraseando a Rubert de Ventós, podría argüirse que el artista iba construyendo con su obra una sólida ignorancia ilustrada en era del exceso. Por eso, al final, el siglo pasó a llamarse neoba-oco. Carecía de fundamentos teóricos fuertes, se oponía al totalita-smo científico e ideológico y se mostraba más dado a la ultiplicidad, al (exceso de) detalle, al fragmento y la confusión, al anteísmo y al dinamismo, a la multipolaridad y a la fragmentarie-ad (parejas morfológicas del Barroco, según D'Ors) o extremosi-ad, a la suspensión y al artificio –(Maravall, *La cultura del Barro-o*)– características barrocas que recordaban el "orden del imulacro" (anunciado por Baudrillard), "la sociedad del espectácu-o" (Debord) o la "teatrocracia" (Balandier). Neobarrocas fueron elículas tan famosas como *Dangerous Liasons* (Frears), *Valmont* (Forman), *Drowning by Numbers*, *The Cook, The Thief, His Wife & Her Lover* (Greenaway) o *Mujeres al borde de un ataque de nervios* o *Atame* (Almodóvar), películas por las que el público demostró un ndudable interés, tal vez por ser reflejo fiel de la época: el periodo que representaban se oponía al clasicismo, obsesionado por el orden, la armonía, la claridad. Las relaciones barrocas se caracteri-aron por el claroscuro y el misterio, y su modo de vida por la falta le unidad y mesura renacentistas, por el derroche y el esplendor leslumbrante, pero superficial (desde bodas reales a lo Carlos y Diana hasta el fenómeno Rambo o Sabrina). El exceso, la frivoli-dad, el juego de la perversión, eran, al fin y al cabo, las normas de la *jet-set* (y por las que, dicho sea de paso, sentíamos, según demos-traron las cifras de ventas de las revistas del corazón, un desmesura-do interés). Fue el triunfo de lo que Lipovetsky denominó "el impe-rio de lo efímero". Neobarrocos eran los zapatos de Sybilla, la ropa de Moschino y Ungaro, la monumentalidad del París de Mitterrand (la nueva Tebas, el Gran Louvre, la Pirámide, el Arco de La Défen-se, la Opera de la Bastilla...) o el exceso en los proyectos de Barce-

puedo asegurarte que seguirás teniendo muchos gustos de helados para elegir el que más te plazca'. Tremendísima ovación final, lágrimas en los ojos de los incondicio-nales, y casi el 60 por ciento de los votos de las elecciones generales celebradas dos meses después" (Leonardo TARIFEÑO, "Desconsuelo en Wall Street", *El observador de la actualidad*, Libros, 10-12-1992, p. VII).

lona y Sevilla para el famosísimo '92. Neobarroca fue la confusión sexual del travestismo o de un cuerpo como el de Michael Jackson, el encanto por lo inútil y el placer de lo monstruoso (*Diwan 5-6, Aliens, Liquid Sky, Rankxerox, The Clockwork Orange*, skinheads y neodecadentes) o de lo psicodélico (por ejemplo, *Rocky Horror Picture Show*). La era fue cínica, y Peter Sloterdijk nos enseñó que estar dispuestos a todo nos hace invulnerablemente listos. Dado que todo era problemático, también todo daba lo mismo.

El pliegue fue el símbolo de la década. Ya Merleau-Ponty lo había invocado en la *Fenomenología de la percepción* para oponerlo a los agujeros sartreanos; Heidegger lo aplicó a su *Dasein* en *Los problemas fundamentales de la fenomenología*; Derrida se refirió a él en su texto sobre Mallarmé; Deleuze le dedicó todo un tratado y Adolfo Domínguez reivindicó aquello de la arruga es bella. La materia no se movía de por sí en línea curva, sino que seguía la tangente, presentaba una textura infinitamente porosa o cavernosa sin vacío; siempre había una caverna en la caverna, un mundo agujereado por pasadizos irregulares en los que plegar-desplegar ya no significaba simplemente tensar-destensar, contraer-dilatar, sino involucionar-desarrollar: los vestidos superpuestos del Arlequín a los que invoca Leibniz, metamorfosis heterogéneas y formas heteromorfas. El Pliegue estuvo siempre en el entre de dos pliegues, en el punto donde la tangente corta la curva, en lo que Bernard Cache llamó "inflexión", es decir, que no remitía a ninguna coordenada (no estaba ni arriba ni abajo, ni a derecha ni a izquierda) sino siempre en el "entre", en el tanto/como: como el "signo ambiguo" de Leibniz, perpetuamente oscilante, eternamente indeciso, igual que la década prodigiosa.

Pero los pliegues de la década eran barrocos, y no griegos: el primero fue una bifurcación, un jardín de senderos borgianos, series infinitas múltiples e inclusivas que formaban una trama de tiempos abarcando todas las posibilidades, pues el universo del pliegue carecía de principios; en él, la tirada de dados de Dios afirmó el azar, la ausencia de telos: toda conciencia es umbral. Como la lágrima de Mallarmé, la década se organizó de tal modo que en sus puntos más fuertes el sentido permanecía indecidible, sin apoyo alguno, en perenne suspensión, de tal forma que la "sugestión" mallarmeana nos llevó a la ilusión indecisa, a la nada en sí misma de la que no y nada definido, sólo rizomas, paradojas que destruyen el sentido común como asignación de identidades fijas. Según sugiriera Jarau-, la verdad de lo nuestro es que ningún proyecto puede ser absolu-. La fragmentación, el caos, la inarmonía, el exceso, la simula-ón, el triunfo de las apariencias, la levedad.

El arte se convirtió, como dijo Foucault de la filosofía, en una ontología de la actualidad"; se hizo eco de la sociedad de los *media* (Peter Halley) en la que perdimos el sentido lineal de la His-oria y donde simplemente citábamos historias sin orden ni concier-o (Salle, Schnabel, Levine...), sin preocuparnos por nada, porque omo Mickey le dijo a Minnie, "es sólo un juego". El arte fue un modelo sinfónico heterogéneo, fragmentado, abierto, que pretendió exhalar a gritos el color del espacio y atacar, subvertir, el sistema dominante (Kruger, Levine, Prince, Haacke...) mediante unas mani-estaciones artísticas que distaban mucho de ser lirismo, ensueño.

Fin-de-siècle, fin-du-monde? Los grandes siglos, afirmó Paul Bourget en 1887, no duran eternamente, y, si se prolongaran, su ate-radora monotonía convertiría la admiración en hastío. El arte se ornaba luz metálica, perfume salvaje, paisaje descarnado que refle-aba una situación abrupta donde lo esencial sucedía en otro lugar, entre lo real y lo imaginario, bajo el escondrijo de un temible enig-ma que se atrevió a franquear el cuerpo mítico de la tradición.

El desarme ideológico, la versión occidental del capitalismo tar-dío, el declive del hombre público, el narcisismo exacerbado, el cinismo, fueron algunos de los responsables de la vuelta a lo priva-do y del retorno de lo sagrado, que empezó a estudiarse en un colo-quio organizado por la Universidad de Estrasburgo ya en 1973. El retorno de lo sagrado, influido a su vez por la conciencia fin-de-milenio, se entendió como un fenómeno contracultural que se opo-nía a la creciente racionalidad técnico-económica, al desgarro y fragmentación del ser humano. Desde entonces, aun soterradamen-te, el evento tomó cada vez más fuerza. Así, Michel Serres afirmaba a finales de los ochenta: "Hace veinte años, si quería interesar a mis estudiantes, les hablaba de política; si quería hacerles reír les habla-ba de religión. Actualmente, cuando quiero suscitar su interés, les hablo de religión y cuando quiero hacerles reír les hablo de políti-ca". No se trataba de una vuelta de la religiosidad y dogmas oficia-les, sino de una increíble pluralidad de prácticas sectarias supuesta-

mente religiosas y efectivamente temibles o, en ocasiones, simple
mente *light*. Volvieron los fundamentalismos, las antiguas profecí
as, la Iglesia de Alta Tecnología, la nueva derecha pagana, el neo
nazismo, el esoterismo y el ocultismo, la radioestesia, las dietéticas
orientales, los movimientos ecologistas, los encuentros personales,
la meditación, la magia, el espiritismo, la satanología; en resumen,
la llamada "new age" (que hasta tuvo música propia) acogió todo
aquellos fenómenos que para la razón ilustrada eran mera supersti
ción[49]. Y este retorno se produjo en lo que Duch llamó una "socie
dad otoñal", una sociedad desontologizada que no planteaba gran
des preguntas ni heroicas respuestas, pero que al mismo tiempo
paradójicamente, se obstinaba en no aceptar la muerte (¿sería por
que la vida seguía teniendo sentido?): así, se intentaban métodos
criogénitos como los de Horn, Brunol y Suda, se organizaban esta
fas con muertos congelados y se amasaban grandes fortunas gracias
a aquello de la hibernación. El individuo que se negaba a dejar de
ser se inclinaba por el ciborg, los 150 grados negativos de frío abso
luto y los 80.000 dólares que eso le costaría. Era una sociedad
caracterizada, según René Girard, por el puzzle, por la pérdida de
las diferencias y por la superposición; o, para decirlo con Verjat
"Puede resultar trivial constatar una vez más que somos hijos del
fracaso de las ideologías, o de su ocaso, constatado por varios
sociólogos en vísperas de nuestro tiempo, hacia finales de la llama
da guerra fría"[50]. Lo más importante aquí, empero, sería destacar
como bien señala Duch, que el retorno de lo sagrado, el temor al
apocalipsis y a la muerte, se tradujo en un retorno al espacio priva
do y en una negación de lo público: por ejemplo, en un "Cursillo
sobre Milagros" impartido por Ken Eyer, cabeza visible de la
"Northwest Foundation", se aseguró que "no se trata de cambiar el
mundo sino cambiar uno mismo"; en esas espiritualidades, en con
tra de lo que ocurriera en la "sociedad serial" (Sartre), la vivencia
autónoma y personal ocupó el lugar de la fundamentación y la argu

---

[49] Véase, por ejemplo, M. KEHL, *"Nueva era" frente al cristianismo*, Barcelona
Herder, 1990.

[50] Alain VERJAT, *El retorno de Hermes. Hermenéutica y ciencias humanas*, Bar
celona, Anthropos, 1989, p. 11.

mentación[51]. Según Naisbitt y Aburdene, "el gran tema unificador, a finales del siglo XX, es el triunfo del individualismo...Es un individuo que se cambia a sí mismo antes de intentar cambiar la sociedad"[52]. Y el primer principio de, por ejemplo, el movimiento de la Nueva Era fue la doctrina de la responsabilidad individual, la versión occidentalizada del karma. (Gorbachov llegó a decir que la Unión Soviética necesitaba un nuevo "socialismo de base individualizada" y en Estados Unidos se votaba al personaje, no al partido: en el Capitolio hubo en 1990 535 partidos políticos en el Congreso y el mismo número de miembros). La vida en comunas, las experiencias colectivas de tradiciones intelectuales anteriores ya no estaban de moda; se privilegiaba en cambio al sujeto de los afectos, de la emoción. Se sacralizó lo marginal, lo que la racionalidad postecnológica había rechazado, y nacieron así las llamadas "comunidades emocionales" (Hervieu-Léger); en suma, el retorno a la interioridad. La androginia, la interiorización antiutópica, el subjetivismo egocéntrico, fueron valores nuevos para este ser humano unificado. El final del siglo parecía reflejar aquella vieja intuición nietzscheana: que nuestra sociedad es muy religiosa pero furiosamente antiteísta. En su versión *light*, este retorno de lo sagrado apareció, ya en los noventa, en el diseño de las joyas de Christian Lacroix, en las camisetas de Paco Chicano, en los trípticos de Lorenzo Caprile mostrando los diseños de Moschino, Armani, Dior, Sybilla, creando todos ellos, literalmente, una cohorte celestial; se observó también en establecimientos como The African Center, en Londres, lleno de tótems y máscaras, o Liberty y su surtido de esqueletos mexicanos para protegernos de los malos espíritus. Gentes de todo tipo, incluidos políticos y banqueros, confiaron en gurús y videntes, y los yuppies se dejaban seducir por los productos de tiendas como New Person (en la madrileña Gran Vía), seguros de que esos objetos les ayudarían a reconciliarse consigo mismos. La religión estaba de moda en pubs como Juan Sebastián Bach (Valen-

---

[51] Lluís Duch, "El retorno de lo sagrado", conferencia pronunciada en el curso *Las sectas hoy*, El Escorial, julio 1990.

[52] John Naisbitt y Patricia Aburdene, *Megatrends 2000. Las grandes nuevas tendencias para la década de los 90*, Barcelona, Plaza & Janes, 1990, p. 356.

cia) o El Garcholí (Sevilla), donde por cierto se ofrecía hasta la mis-
mísima sangre de Cristo, y El Joven Costalero (que tenía un confe-
sionario por cabina de telefónica). Madonna o Sabrina (quien se
declaraba abiertamente católica) solían ser fieles portadoras de cru-
ces, *like a virgin*, y Moschino introducía su colección primavera/ve-
rano de 1986 con una imagen de la Macarena.

Lo hasta entonces privado pasó al ámbito de lo público, y vice-
versa. Como dijera Richard Sennett, mientras que los valores culturales de la Grecia Clásica estaban muy bien definidos e incluso deli-
mitados en los lugares públicos (templos, mercados, termas, etc.), la
ciudad contemporánea no ofrecía la misma experiencia. Hacia el fin
del milenio, no hubo un lugar semejante a los gimnasios griegos
donde se pudieran aprender las dimensiones morales del deseo
sexual, ni hubo lugar alguno para las asambleas de sabios ancianos.
Las claras delimitaciones de la antigüedad brillaban ahora por su
ausencia. Así, perdido el espacio público definido ya no había grupos sino microgrupos, pequeñas tribus interrelacionadas. En la ciudad de nadie, en la tierra baldía, en el espacio público despersonali-
zado, el individuo intentaba a toda costa dejar su huella, un simple
trazo, la prueba de su existencia. Los *graffiti*, omnipresentes en las
paredes de la gran ciudad, no eran pintadas obscenas ni políticas,
sino simples nombres, acaso meras iniciales, de jóvenes de los
tugurios, de otros espacios públicos[53]. Transgresión e indiferencia.
El *graffiti* como forma de decir *feci*, yo hice esto, estoy aquí, existo.
El "yo" declarado. El espacio de la ciudad, como el espacio interior,
buscaba inscribir una deidad, que no era, según Sennett, el Dios
cristiano sino otro que trajera consigo la semilla del cambio, un
Apolo capaz de envejecer. El "yo" que viajaba hacia afuera con una
conciencia del ojo que convirtiese lo fragmentado y discontinuo en
una condición moral: la acción que no va necesariamente ligada a la
completez, acción sin dominación, fueron los ideales, según Sennett, de la cultura humanista del futuro. El rechazo del acontecimiento catártico, del momento de plenitud, de la totalidad. Hubo,
pues, una especie de movimiento, soterrado si se quiere, que buscó

53 Véase Richard SENNETT, *The Conscience of the Eye*, New York, Alfred A.
Knopf, 1991, pp. 207 ss.

la vuelta a la solidaridad del grupo, a las virtudes públicas, en la multiplicación de pequeños grupos de redes existenciales: el fin de siglo como tiempo tribal en el que acabó la civilización iniciada con la Revolución Francesa y comenzó lo que Rousseau denominara la "religión civil" (religión en el sentido etimológico de *re-ligare*), la sociología de la interioridad, el renacimiento de lo comunitario y de lo orgánico. La tribu se inclinó por lo dionisíaco, por la transversalidad anunciada por Guattari, por los rituales múltiples, la vida banal, lo dual, los juegos de la apariencia, por lo carnavalesco. Desde una perspectiva holista, el tiempo de las tribus disolvió la tradicional división entre magia y ciencia, y propuso una sociología vagabunda, dionisíaca, capaz de estudiar esas tribus como estructuras complejas orgánicas que sustituyen el mito de la Historia lineal por el vitalismo polifónico. Sociólogos como Maffesoli decían preferir los "miniconceptos" o las nociones a las certidumbres establecidas, postura lógica si tenemos en cuenta que la realidad demostraba, día a día, que la ideología fuerte y única no era practicable. En el fondo yacía una paradoja: el constante vaivén entre la masificación creciente y el desarrollo de estos microgrupos. Fue esa tensión lo que caracterizó la socialidad de nuestro fin de siglo. Así, se oponía lo social racionalizado a la socialidad de predominio empático, la estructura mecánica de lo primero a la compleja u orgánica de la segunda, los agrupamientos contractuales a las tribus afectuales. En la tribu predominó lo efímero, lo metamórfico, lo que Weber llamó "la ausencia de organización" (al referirse a sus "comunidades emocionales"); predominó lo cotidiano, el azar, la desindividualización, la emoción frente a la Razón. Por eso la sensibilidad colectiva, una vez superada la atomización individual, creaba un aura característica de cada época (teológica en la Edad Media, política en el s. XVIII, etc.). En el tiempo de las tribus, dicha aura sería estética. En la socialidad, frente a lo social, el ocaso de la moral universal y la consiguiente eclosión de formas de vida alternativas supuso la difracción en múltiples marginaciones centrales. "Es lo que yo resumiría en *la ética de la estética*. Una unión de este tipo no supone una novedad; el ideal griego del 'Kalo-kagathos' o ciertas instituciones renacentistas lo ratifican... Puede que ésta sea una pista de las más prometedoras... todo lo que suele llamarse 'post-moderno' es sencillamente una forma de distinguir la unión que existe entre la ética y la estética"[54]. La vida cotidiana, las pequeñas situaciones sobre las que se erige la cultura y la civilización, los momentos festivos, el juego de las apariencias, fueron, en la socialidad, elementos de una verdadera obra de arte que expresó emociones colectivas. La *aisthésis* descansaba, pues, en la unión de macrocosmos y microcosmos, en un clima holista. El fin de siglo fue el tiempo de la "espiritualidad materialista", el tiempo del rechazo de la tradicional lógica binaria de la separación aplicada a la vida cotidiana, la época de una "centralidad subterránea" en la que la socialidad escapaba a lo racional, a la lógica del dominio, a la solidaridad mecánica, al instrumentalismo, al proyecto, a la finalidad (características éstas típicas de lo social), y contemplaba en cambio "el desarrollo de la solidaridad orgánica, de la dimensión simbólica (comunicación), de la 'no-lógica' (V. Pareto), preocupación del presente. Al drama, es decir, lo que evoluciona, lo que se construye, se opone lo trágico, lo que se vive como tal sin tener en cuenta las contradicciones. Al futurismo le sucede el presenteísmo... la temática de la socialidad recuerda que el mundo social... puede entenderse como el resultado de una interacción permanente, de una constante reversibilidad entre los distintos elementos del entorno social, en el interior de esta matriz que es el entorno natural"[55]. Era la posibilidad de acceder a una sociología de lo cotidiano, a una lógica de lo doméstico. La forma estética quiso dar lugar en algunos casos a una sensibilidad colectiva que desembocara, a su vez, en una ética no individualista sino de grupo, empática y proxémica, que abogara por un compromiso orgánico entre los hombres. Así, tras el weberiano "desencanto del mundo", sociólogos como Maffesoli proponían el "reencantamiento del mundo" a través de lo dionisíaco, del vitalismo, de la potencia. El fin de lo social y la saturación contemporánea de lo político permitían la aparición de un "instinto vital" que, haciéndonos olvidar nuestro narcisismo, producía el "perdurar societal" o capacidad de resistencia de las masas, la posibilidad de que la estructuración social en una multiplicidad de pequeños gru-

[54] Michel MAFFESOLI, "La socialidad en la postmodernidad", *Pérgola*, Bilbao, núm. 8, marzo, 1989, p. 100.

[55] *Ibid.*, p. 103.

»os interrelacionados permitiese eludir, o al menos relativizar, la nstancias de poder. La tribu, "a través del silencio, la astucia, la ucha, la pasividad, el humor o la irrisión, sabe resistir con eficacia a las ideologías, enseñanzas o pretensiones de quienes pretenden ya dominar ya realizar la felicidad del pueblo, lo que para el caso no representa gran diferencia. Esta actitud de reserva no quiere decir que no se preste ninguna atención al juego (de lo) político, sino todo lo contrario, pues se considera a éste como tal... he propuesto llamar a esto 'la política del Bel Canto': lo que importa no es tanto el contenido como la manera, 'bella', de interpretar la canción. Todos sabemos que, para los partidos políticos, tiene cada vez más importancia 'hacer tragar el mensaje', y menos afinar este último... Como respuesta al descompromiso y a la marcha atrás, se cuida la imagen"[56]. Así, el fin de milenio existió en la duplicidad de la máscara carnavalesca.

Dentro de la masa multiforme de este neotribalismo hubo una enorme variedad de microgrupos diversos que diferían de las categorías tradicionales de identidad y que se regían por el "ou kurioi alla kairoi", es decir, por el adagio "no a las autoridades impuestas desde arriba, sino lo que está ahí", el organicismo, la comunidad, lo efímero, la heterogeneización del mundo. La preferencia de una socialidad barroca, siempre en flujo, metamórfica, abierta, ambigua, sintética, frente a la clásica, lineal, cerrada, clara, analítica. Se trataba, como diría Weber, de comprender lo real a partir de las facultades de lo irreal, a través de un pensamiento orgánico, de la multiplicidad de ideologías que inauguraron una lógica contradictorial a la que se adscribieron el mito, lo próximo y lo centrípeto, y no la historia, lo lejano y la explicación centrífuga típicas del deber-ser. Los microgrupos no eran en absoluto estables, sino que se caracterizaban por la fluidez y la dispersión y por contraponer la autenticidad dramática de lo social a la trágica superficialidad de la socialidad, a la marginalidad y descentramiento de la sociedad secreta. El paradigma tribal, ajeno a toda lógica egotista, prefería el lugar y el nosotros, el conocimiento que da la vida cotidiana, ese "concreto más extremo" de Benjamin que Maquiavelo denominara "pensa-

56 MAFFESOLI, *El tiempo de las tribus*, Barcelona, Icaria, 1990, p. 99.

miento de la plaza pública". En esas tribus, en ese tiempo tribal, puso el fin sus esperanzas.

En 1789, el triunfo de la Revolución Francesa. En 1889, la construcción de la Torre Eiffel. En 1989, la desconstrucción del Muro de Berlín. Frente a la melancolía de Baudelaire, la grandiosidad de Wagner, la locura de Nietzsche, el tiempo relativo de Bergson, el intervalo perdido y la magdalena de Proust, los sueños de Freud, los *quanta* de Planck, la *Lógica* de Husserl, las muñecas de Ibsen, el "Yo acuso" de Zola, el desencanto de Weber, el encanto de Oscar Wilde, la pericia de Sherlock Holmes, la doblez del Dr. Jekyll y Mr. Hyde, la máquina del tiempo, el horror de Kurtz en el corazón de la oscuridad y la sífilis (en el otro fin de siglo), frente a todo eso, digo, el sida, el indeseable adulto que busca trabajo, el anciano y el niño como fuentes de negocios para las agencias de viajes y para los especialistas en fracasos escolares, los sin-hogar y los *ex-yuppies*, el efecto invernadero, la desintegración del átomo y las guerras nucleares[57]. El ser humano como producto mercantil. La noche de Bagdad iluminada por las estelas de los misiles. El ser humano como espectáculo. Marea negra. Convivencia del ateísmo, el gnosticismo y los fundamentalismos; del nacionalismo y del racismo. La Guerra como revelación. El mundo como una casa de locos a lo Trotski[58]. La humanidad contaba sus muertos y se preguntaba si ella no formaba parte del conjunto. El fin de siglo se correspondía con la era del undécimo mandamiento: nada que sea inhumano te será ajeno. Mitificación de lo trivial. Triunfo de las modas efímeras. Antes, muchas horas de trabajo era señal de pobreza; en nuestro fin de siglo, fue signo del triunfo social de los *yuppies*: pobre era quien tenía tiempo para hacer cola en la Seguri-

---

[57] Luis GOYTISOLO, "De un fin de siglo a otro", *El País*, 20 de febrero de 1993, Babelia, p. 2.

[58] "Europa se parece a una casa de locos y, en un primer momento, parece que sus habitantes mismos no saben media hora antes a quién van a matar y con quién van a confraternizar ... La monarquía, la aristocracia, el clero, la burocracia, la burguesía, la *intelligentsia* profesional, los propietarios de fortunas y los detentadores del poder: son ellos los que han preparado sin parar los increíbles acontecimientos que hacen hoy que la vieja Europa ... se parezca tanto a un manicomio" (Trotski, citado por André GLUCKSMANN, *El undécimo mandamiento*, p. 45).

ad Social. Consumo indiscriminado de todo, del individuo, del oder, de la (sobre)(des)información. *Zapping* para ver el mundo. elevisión y publicidad. Identidades aniquiladas. "Pulsión de ver" Rosalind Krauss). Cultura de lo instantáneo, de la amnesia y de la epetición. Triunfo de los concursos infantiles de belleza, para niños ntre cero y quince años, en los salones de los mejores hoteles nor-eamericanos. Hombres-objeto que, en locales pequeños y sórdidos, n pantallas y en revistas, hacían *striptease*[59], valiéndose del cuerpo el delito al ritmo de una canción de Madonna, Michael Jackson o 'rince, para celebrar cumpleaños, despedidas de soltera o divorcios. riunfo de los vampiros, Dráculas contemporáneos que chupaban la angre[60]. América del Sur. Africa. Hambre. Todo era *light*, la nayonesa, la leche, el chocolate y la ontología. Obsesión por los uerpos danone, por los niños rubios de ojos azules que anunciaba anex y triunfo paralelo del *trash freak*, la cultura-basura: desprecio e la calidad y del contenido en favor del tebeo, la película, los ape-itivos de plástico y la hamburguesa. Divine fue el *sex-symbol* favo-ito; Micky Rourke, Terry 4, Alaska, Las Grecas, el *heavy metal* y iracita Morales, algunos de los preferidos. (Grupos musicales con ombres igualmente musicales: "Dinamita P'a Los Pollos", "Cica-riz en la matriz"). Triunfo de la moda de diseñador y del plástico, el pantalón de campana descomunal y de los zapatos con plata-orma.

¿Existió una cultura típica del fin de siglo? ¿Fue nuestra cultura ina mera prolongación o una ruptura total? ¿Fue capaz de deslegiti-nar los grandes relatos frente a una situación socio-política nueva? Fue un momento histórico destructivo o desconstructivo? ¿O no ue más que la representación de un estado de esquizofrenia colecti-o? ¿Es posible la Utopía? ¿Sirve para algo la nostalgia? ¿puede xistir un fin-de-siglo "auténtico"?:

[59] Para una excelente reflexión sobre el concepto de *striptease*, véase el artículo ue le dedica Roland Barthes en sus *Mitologías*. También el capítulo octavo ("The 'eiled Woman") del último libro de Elaine SHOWALTER, titulado *Sexual Anarchy. iender and Culture at the Fin de Siécle* (New York, Viking Penguin, 1990, pp. 144-68).

[60] Showalter también analiza el personaje de Drácula en el mencionado *Sexual narchy* (pp. 179-183). Que los vampiros están de moda lo ratifica la última versión el mito de Drácula hecha por Polanski o el libro que les dedica la editorial Siruela.

No hay ... ninguna cultura especial que corresponda a este fin de siglo: ¿por qué habría de haber una sensibilidad distinta si este tiempo histórico carece de perfil y de relieves propios? Estamos rodeados de una fútil verborrea que habla de desgarraduras, de pliegues y retornos, que maneja oposiciones triviales (débil/fuerte; levedad/pesadez; etc.) y cree estar diciendo algo, que aprecia valor en lo efímero, en lo intangible. Contra ella a menudo se levanta, como la otra cara de la misma moneda, la diatriba de algún romántico trasnochado que aboga por el retorno a la Verdad con mayúsculas y reclama un regreso imposible a la grandilocuencia del siglo pasado. La misma inautenticidad pero de signo inverso. De acuerdo con el signo de los tiempos, en estos discursos se simula casi todo mientras se debate inútilmente –unos contra, y otros acerca de– la hegemonía de lo falso. Se juega hasta la saciedad con la saga interminable de prefijos mágicos: post-, trans-, neo-, des-... llamados a descubrir la diferencia de un final anunciado que sin embargo no acontecerá en ningún escenario decisivo, quizá porque todo lo que tenía que ocurrir ha sucedido ya.

De modo que llamamos "cultura fin de siglo" a un estudiado ceremonial, una escenografía impecable y una prolija retórica para un acontecimiento ya pasado que no puede suscitar diferencia[61].

Nuestro fin de siglo fue un espacio "post-cognitivo", por utilizar la terminología de Dick Higgings[62]; o, parafraseando a Brian McHale, no habitamos un espacio epistemológico, como fuera el espacio moderno, sino ontológico[63]. Nuestro *locus* era comparable a un jardín chino, que deja en suspenso la ordenación definitiva y clara de los acontecimientos y prefiere el azar, la ambigüedad, la fragmentación, los laberintos y el espacio "liminal"[64], con la dife-

---

[61]   Enrique LYNCH, "Crepúsculo sin enigmas", *Letra Internacional*, invierno 1992, p. 42.

[62]   Cf. Dick HIGGINGS, *A Dialectic of Centuries: Notes Towards a Theory of the New Arts*, New York and Barton, VT, Printed Editions, 1978.

[63]   Cf. Brian McHALE, *Postmodernist Fiction*, New York and London, Methuen, 1987.

[64]   Charles JENCKS, *El lenguaje de la arquitectura posmoderna*, Barcelona, Gustavo Gili, 1984, p. 80.

rencia de que, según admitió el propio Jencks, el jardín chino tenía tras él una metafísica religiosa y filosófica, una base de significación profunda más amplia y aceptada por todos que no estuvo presente en el fugaz espacio del fin de siglo. El fin de siglo lo comparó Bradbury a la Torre Eiffel:

> It was fairly evidently a monument to something, but unfortunately there was nothing written on it to say what it was a monument to. It looked like the spire of a great cathedral, but the nave was missing, and there was no altar to worship and no particular deity mentioned. It resembled the great new American business skyscrapers going up in the cities of Chicago and New York, but because there was no inside to its outside, there was not too much hope of doing any real business in it ... Eiffel seemed to have omited something, in fact everything. He had given Paris the ironwork without the statue, the engineering without the sculpture, the torch without the liberty, the bones without the flesh.
>
> Today, of course, high on our fine postmodern wisdom, we know exactly what Gustave was all about. Eiffel's tower was a monument to only one thing: itself. It was a spectacle[65].

Acaso por esa sensación de vacuidad y provisionalidad, que fueron las únicas sensaciones permanentes en nuestro fin de siglo, hubo bastantes pensadores y novelistas que abordaron la cuestión (por otro lado típica en los fines de milenio) del apocalipsis[66]. John Barth, por ejemplo, escribió un pequeño texto en el que la disolución del lenguaje reflejaba el apocalipsis nuclear de la existencia:

> Apocalypse
> One drizzly Baltimore November forenoon, as from an upstairs workroom window of our little house I mused over

---

[65] *Doctor Criminale*, p. 87.

[66] Véase André GLUCKSMANN, *El undécimo mandamiento. ¿Es posible ser moral?*, Barcelona, Península, 1993, especialmente pp. 63-65. Susan Sontag también asegura que tenemos hoy un fuerte sentido del apocalipsis.

the neighbors' -lawns some raked clean, some still leaf-
littered- and considered whether[67].

Pánico[68]. Crisis intelectual, porque el intelecto no nos ofrecía
una explicación última y definitiva de las cosas. Crisis ética. Crisis
de la cultura. Crisis del individuo. Crisis de la política. Fin de las
referencias. Heterogeneidad[69]. ¿Estrategias para adaptarse?: sea
usted cada vez más rápido, exija (como consumidor) y ofrezca (en
su empresa) más comodidades, más posibilidad de elección, más
calidad (incluso en las rebajas), servicio personalizado y las últimas
tecnologías[70].

El fin de siglo fue el universo del aire que describe William
Gass en su cuento sobre la señora Ruin: quedamos desposeídos de
respuestas ingenuas y cargados de desilusiones infantiles seguidas
de un pánico igualmente infantil. Nos sentimos atrapados. Estába-
mos cerca del fin, y contemplábamos cada mañana en el espejo
cómo nos íbamos pudriendo. Temíamos la luz del sol, y recogíamos
los pliegues de nuestra fláccida carne que, tras múltiples *liftings*, se
nos había quedado como la cara de Michael Jackson. Supimos
entonces que el hombre es mortal, al menos que la carne sí lo es,
que la sangre se va debilitando de forma tan inmediata que para
soportarlo necesitamos una enorme reserva de esperanza sobre la
eterna duración del último aliento. Echando el último vistazo, tuvimos la impresión de haber mezclado el principio con el final; pensamos que el futuro había terminado y que acababa de empezar el
pasado. En el corazón del corazón del país, había una escalera que
se desdoblaba hacia la calle –oscura, desvencijada y traidora– y, al
pasar, siempre pensamos que, si subiéramos con precaución y diéra-
mos la vuelta al rellano, nos encontraríamos fuera del mundo. Pero
nunca tuvimos valor.

---

[67] En *The Tidewater Tales: A Novel*, New York, Putnam, 1987, p. 142.

[68] Cf. Arthur KROKER, Marilouise KROKER y David COOK, *Panic Encyclopedia*,
London, Macmillan, 1989.

[69] Cf. Nicolas TENZER, *La sociedad despolitizada. Ensayo sobre los fundamentos
de la política*, Barcelona, Paidós, 1992 (1990).

[70] Cf. Robert B. TUCKER, *Managing the Future*, New York, Putnam, 1991.

Bibliografía en entre-dicho

Adorno, Theodor W., *The Culture Industry. Selected Essays on Mass Culture*, London and New York, Routledge, 1991.

Alferez, Antonio, *España 1999*, Madrid, Ediciones Temas de Hoy, 1990.

Anceschi *et al.*, *Videoculturas de fin de siglo*, Madrid, Cátedra, 1990.

Aron, Raymond, *Los últimos años del siglo*, Madrid, Espasa-Calpe, 1984.

Augé, Marc, *Los "no lugares", espacios del anonimato. Una antropología de la sobremodernidad*, Barcelona, Gedisa, 1993.

Baudrillard, Jean, *La ilusión del fin o la huelga de los acontecimientos*, Barcelona, Anagrama, 1993.

– *La guerra del Golfo no ha tenido lugar*, Barcelona, Anagrama, 1991.

– *La transparencia del mal*, Barcelona, Anagrama, 1991.

– *Cool Memories*, Barcelona, Anagrama, 1989.

– *América*, Barcelona, Anagrama, 1987.

Bell, Daniel, *The Cultural Contradictions of Capitalism*, New York, Basic Books, 1976. (Versión española en Alianza, 1987).

– *The Coming of Post-Industrial Society*, New York, Basic Books, 1973.

Blanchot, Maurice, *La escritura del desastre*, Caracas, Monte Avila Editores, 1987.

Blonsky, Marshall (ed.), *On Signs*, Baltimore, Maryland, The Johns Hopkins University Press, 1985.

Bloom, Allan, *El cierre de la mente moderna,* Barcelona, Plaza & Janes, 1989.

Bone, Ian (ed.), *Class War. A Decade of Disorder*, London, Verso, 1991.

Botwinick, Aryeh, *Skepticism and Political Participation*, Philadelphia, Temple University Press, 1990.

Bourdieu, Pierre, *La distinción. Criterio y bases sociales del gusto*, Madrid, Taurus, 1988.

Bracher, K. D., *The Age of Ideologies. A History of Political Thought in the Twentieth Century*, London and New York, Routledge, 1985.

Bradbury, Malcolm, *Doctor Criminale*, London, Secker and Warburg, 1992.

Cadava, Eduardo *et al.* (eds.), *Who Comes After the Subject?*, London and New York, Routledge, 1991.

Calabrese, Omar, *La era neobarroca*, Madrid, Cátedra, 1989.

Calvino, Italo, *Las cosmicómicas*, Barcelona, Minotauro, 1985.

Camps, Victoria, *Virtudes públicas*, Madrid, Espasa-Calpe, 1990.

Cantor, Norman, *Twentieth-Century Culture: Modernism to Deconstruction*, New York, Peter Lang, 1989.

Casado, Josefina, y Pinar Agudíez (eds.), *El sujeto europeo*, Madrid, Editorial Pablo Iglesias, 1990.

Cassirer, Ernst, *An Essay on Man*, New Haven and London, Yale University Press, 1972.

Cecchetto, Sergio, *La clausura de la filosofía*, Buenos Aires, Catálogos, 1990.

Chambers, Iain, *Popular Culture. The Metropolitan Experience*, London and New York, Routledge, 1988.

Chapkis, Wendy, *Beauty Secrets. Women and the Politics of Appearance*, London, The Women's Press, 1988.

Chomsky, Noam, *Deterring Democracy*, London, Verso, 1991.

   – *Sobre el poder y la ideología. Conferencias de Managua 2*, Madrid, Visor, 1989.

   – y Edward S. Herman, *Los guardianes de la libertad*, Barcelona, Editorial Crítica, 1990.

Clifford, James, y George E. Marcus (eds.), *Writing Culture: The Poetics and Politics of Ethnography*, Berkeley, University of California Press, 1986.

Clifford, James, *The Predicament of Culture*, Cambridge, Harvard University Press, 1988.

Coleridge, Nicholas, *La conspiración de la moda*, Barcelona, Ediciones B, 1989.

'olomer, Josep M., *El arte de la manipulación política*, Barcelona, Anagrama, 1990.

'orrigan, Philip, *Social Forms/Human Capacities. Essays in Authority & Difference*, London and New York, Routledge, 1990.

'ortázar, Julio, y Carol Dunlop, *Los autonautas de la cosmopista*, Barcelona, Muchnik Editores, 1983.

'rimp, Douglas (ed.), *AIDS. Cultural Analysis, Cultural Activism*, October, The MIT Press, 1989.

)allmayr, Fred, *Margins of Political Discourse*, Albany, State University of New York Press, 1989.

)e Diego, Estrella, *El andrógino asexuado. Eternos ideales, nuevas estrategias de género*, Madrid, Visor, 1992.

)ebord, Guy, *Panegyric*, London, Verso, 1991.

– *Comentarios sobre la sociedad del espectáculo*, Barcelona, Anagrama, 1990.

– *La société du spectacle*, Paris, Editions Buchet- Chastel, 1967.

Desire, ICA Documents 1, 1984.

Dollimore, Jonathan, *Sexual Dissidence: Augustine to Wilde Freud to Foucault*, Oxford, Clarendon Press, 1991.

Dorrego, Juan Fernando, *La década del gran cambio*, Barcelona, Ediciones del Drac, 1990.

Dowling, William C., *Jameson, Althusser, Marx. An Introduction to "The Political Unconscious"*, London, Methuen, 1984.

Easthope, Anthony, y Kate McGowan (eds.), *A Critical and Cultural Theory Reader*, Buckingham, Open University Press, 1992.

Easton Ellis, Bret, *American Psycho*, London, Picador, 1991.

Eco, Umberto, *El péndulo de Foucault*, Barcelona, Lumen, 1989.

Edelman, Murray, *Constructing the Political Spectacle*, Chicago, University of Chicago Press, 1988.

Fekete, John (ed.), *Life After Postmodernism. Essays on Value and Culture*, New York, St. Martin's Press, 1987.

Ferguson, Marilyn, *The Aquarian Conspiracy: Personal and Social Transformation in the 1980s*, Los Angeles, 1980.

Ferguson, Russell, *et al.* (eds.), *Out There: Marginalization and Contemporary Cultures*, New York, The New Museum of Contemporary Art, 1990.

Ferguson, Russell, *et al.* (eds), *Discourses: Conversations in Postmodern Art and Culture*, New York, The New Museum of Contemporary Art, 1990.

Finkielkraut, Alain, *La memoria vana. Del crimen contra la humanidad*, Barcelona, Anagrama, 1990.

– *La derrota del pensamiento*, Barcelona, Anagrama, 1987.

– y Pascal Bruckner, *El nuevo desorden amoroso*, Barcelona, Anagrama, 1989.

Fiske, John, *Television Culture*, London, Methuen, 1987.

Foster, Hal, *Recodings. Art, Spectacle, Cultural Politics,* Port Townsend, Washington, Bay Press, 1985.

Foster, Hal (ed.), *Vision and Visuality,* Seattle, Bay Press, 1988.

Foster, Hal (ed.), *Discussions in Contemporary Culture,* Seattle, Dia Art Foundation, Bay Press, 1987.

Freccero, Carla, "Our Lady of MTV: Madonna's 'Like a Prayer'", *boundary 2. a journal of literature and culture*, Margaret Ferguson y Jennifer Wicke (eds.), vol. 19, núm. 2, Summer 1992.

Fukuyama, Francis, *El fin de la historia y el último hombre*, Barcelona, Planeta, 1992.

Game, Ann, *Undoing the Social. Towards a Deconstructive Sociology*, Buckingham, Oxford University Press, 1991.

Gane, Mike, *Baudrillard's Bestiary. Baudrillard and Culture*, London and New York, Routledge, 1991.

Gane, Mike, *Baudrillard: Critical and Fatal Theory*, London and New York, Routledge, 1991.

Garber, Marjorie, *Vested Interests: Cross-Dressing and Cultural Anxiety*, London and New York, Routledge, 1992.

Gass, William, *On Being Blue. A Philosophical Inquiry*, Manchester, Carcanet, 1979.

Gil Calvo, Enrique, *Futuro incierto*, Barcelona, Angrama, 1993.

Gilman, Sander L., *Disease and Representation. Images of Illness from Madness to AIDS*, Ithaca and London, Cornell University Press, 1988.

Gleick, James, *Chaos*, New York, Viking, 1987.

Glucksmann, André, *El undécimo mandamiento. ¿Es posible ser moral?*, Barcelona, Península, 1993.

– *La estupidez. Ideologías del posmodernismo*, Barcelona, Península, 1988.

Gómez Pérez, Rafael, *Cómo entender este fin de siglo*, Barcelona, Ediciones del Drac, 1988.

Goytisolo, Luis, "De un fin de siglo a otro", *El País*, 20 de febrero de 1993, Babelia, p. 2.

Habermas, Jürgen, *Identidades nacionales y postnacionales*, Madrid, Tecnos, 1989.

Hall, Stuart, *Reproducing Ideologies*, London, Macmillan, 1992.

Harvey, David, *The Condition of Postmodernity. An Inquiry into the Origins of Cultural Change*, Oxford, Basil Blackwell, 1989.

– *Consciousness and the Urban Experience*, Baltimore, Johns Hopkins University Press, 1985.

Hawking, Stephen, *A Brief History of Time from the Big Bang to Black Holes*, New York, Bantam Books, 1988.

Hebdige, Dick, *Subculture. The Meaning of Style*, London and New York, Routledge, 1989.

Heller, Agnes, *Can Modernity Survive?*, Berkeley, University of California Press, 1990.

– *Everyday Life*, London, Routledge and Kegan Paul, 1984.

– y Ferenc Feher, *The Post-Modern Political Condition*, New York, Columbia University Press, 1989.

Henriques, Julian, Wendy Holoway, Cathy Urwin, Couze Venn, y Valerie Walkerdine, *Changing the Subject: Psychology, Social Regulation, and Subjectivity*, New York, Methuen, 1984.

Honneth, Axel, *The Critique of Power: Reflective Stages in a Critical Social Theory*, Cambridge, Massachusetts, The MIT Press, 1991.

Hunt, Linda (ed.), *The New Cultural History*, Berkeley, University of California Press, 1989.

Jameson, Fredric, *Signatures of the Visible*, London and New York, Routledge, 1990.

– *The Ideologies of Theory. Essays 1971-1986*, (2 vols.), London, Routledge, 1988.

– *Postmodernism or the Cultural Logic of Late Capitalism*, Oxford, New Left Review Ltd, 1984.

Jarauta, Francisco (ed.), *Tensiones del arte y la cultura en el fin de siglo* San Sebastián, Arteleku, 1993.

Jay, Martin, *Fin-de-Siècle Socialism. And Other Essays*, London and New York, Routledge, 1989.

Jay, Peter, y Michael Stewart, *Apocalipsis 2000. ¿Decadencia económica y suicidio de la democracia? 1989-2000*, Madrid, Edaf, 1988.

Kamper, Dietmar, y Christoph Wulf (eds.), *Looking Back on the End of the World*, New York, Semiotext(e), 1989.

Kaplan, Ann, *Rocking Around the Clock. Music Television, Postmodernism, & Consumer Culture*, New York and London, Methuen, 1987.

King, Anthony D., *Culture, Globalisation and the World System. Contemporary Conditions for the Representation of Identity*, London, Macmillan, 1991.

Koons, Jeff, *The Jeff Koons Handbook*, London, Thames and Hudson/Anthony d'Offay Gallery, 1992.

Krieger, Murray (ed.), *The Aims of Representation: Subject/Text/History*, New York, Columbia Universiy Press, 1987.

Kroker, Arthur y Marilouise Kroker, *Body Invaders. Panic Sex in America*, New York, St. Martin's Press, 1987.

Kroker, Arthur, *The Possessed Individual. Technology and Postmodernity*, London, Macmillan, 1992.

   – Marilouise Kroker y David Cook, *Panic Encyclopedia. The Definitive Guide to the Postmodern Scene*, New York, St. Martin's Press, 1989.

   – y David Cook, *The Postmodern Scene. Excremental Culture and Hyper-Aesthetics,* New York, St.Martin's Press, 1986.

Landow, George P., *Hypertext. The Convergence of Contemporary Critical Theory and Technology*, Baltimore and London, The Johns Hopkins University Press, 1992.

Lasch, Christopher, *The Culture of Narcissism,* New York and London, Abacus, 1985.

Lash, Scott, y John Urry, *The End of Organized Capitalism*, Madison, University of Wisconsin Press, 1987.

Levin, David Michael, *The Listening Self. Personal Growth, Social Change and the Closure of Metaphysics*, London and New York, Routledge, 1989.

Lipovetsky, Gilles, *El crepúsculo del deber. La ética indolora de los nuevos tiempos democráticos*, Barcelona, Anagrama, 1994.

- *El imperio de lo efímero. La moda y su destino en las sociedades modernas*, Barcelona, Anagrama, 1990.

- *La era del vacío. Ensayos sobre el individualismo contemporáneo*, Barcelona, Anagrama, 1986.

Lippard, Lucy R., *Mixed Blessings. New Art in a Multicultural America*, New York, Pantheon Books, 1990.

Luke, Timothy, *Screens of Power*, Urbana, University of Illinois Press, 1989.

Maffesoli, Michel, *El tiempo de las tribus. El declive del individualismo en las sociedades de masas*, Barcelona, Icaria, 1990.

- *La Connaissance ordinaire*, París, Méridiens Klincksieck, 1985.

- *Essais sur la violence banale et fondatrice*, París, Méridiens, 1984.

- *La violence totalitaire*, París, P.U.F., 1979.

- *La Conquête du présent*, París, P.U.F., 1979.

Marcus, Greil, *Lipstick Traces. A Secret History of the 20th Century*, Cambridge, Mass., Harvard University Press, 1989. (Versión española en Anagrama, 1993).

Martín Gaite, Carmen, *Caperucita en Manhattan*, Madrid, Siruela, 1990.

Modleski, Tania (ed.), *Studies in Entertainment: Critical Approaches to Mass Culture*, Bloomington and Indianapolis, Indiana University Press, 1986.

Moraza, Juan Luis (ed.), *Un placer. Cualquiera, todos, ninguno. (Más allá de la muerte del autor)*, Gipuzkoako Foru Aldundia, Diputación Foral de Gipuzkoa, 1991.

- *Seis sexos de la diferencia. Estructura y límites, realidad y demonismo*, Diputación Foral de Gipuzkoa, 1990.

Muguerza, Javier, *Desde la perplejidad (Ensayos sobre la ética, la razón y el diálogo)*, Madrid, Fondo de Cultura Económica, 1990.

Naisbitt, John, *Macrotendencias. Diez nuevas orientaciones que están transformando nuestras vidas*, Barcelona, Mitra, 1983.

- y Patricia Aburdene, *Megatrends 2000. Las grandes nuevas tendencias para la década de los 90*, Barcelona, Plaza & Janés, 1990.

Naremore, James, y Patrick Brantlinger (eds.), *Modernity and Mass Culture*, Bloomington & Indianapolis, Indiana University Press, 1991.

Newman, Charles, *The Post-Modern Aura: The Act of Fiction in an Age of Inflation*, Evanston, Northwestern University Press, 1985.

Norris, Christopher, *Uncritical Theory: Postmodernism, Intellectuals and the Gulf War*, London, Lawrence and Wishart, 1992.

- *What's Wrong with Postmodernism. Critical Theory and the Ends of Philosophy*, New York, Harvester Wheatsheaf, 1990.

Nye, David E., y Carl Pedersen (eds.), *Consumption and American Culture*, Amsterdam, VU University Press, 1991.

Oliver, Gabriel, *et al.* (coords.), *Romanticismo y fin de siglo*, Barcelona, PPU, 1992.

Postman, Neil, *Amusing Ourselves to Death: Public Discourse in the Age of Show Business*, New York, Viking Penguin, 1985.

Redhead, Steve, *The End-of-the-Century Party. Youth and Pop Towards 2000*, Manchester, Manchester University Press, 1990.

Regan, Stephen (ed.), *The Politics of Pleasure. Aesthetics and Cultural Theory*, Buckingham, Open University Press, 1992.

Rheingold, Howard, *Virtual Reality*, New York, Simon & Schuster, 1991 (Versión española en Gedisa, 1994).

Rivière, Margarita, *Lo cursi y el poder de la moda*, Madrid, Espasa-Calpe, 1992.

Rodríguez Magda, Rosa María, *La sonrisa de Saturno. Hacia una teoría transmoderna*, Barcelona, Anthropos, 1989.

Rorty, Richard, *Contingency, Irony and Solidarity*, Cambridge, Cambridge University Press, 1989.

Rose, Margaret A., *The Postmodern & the Post-Industrial. A Critical Analysis*, Cambridge, Cambridge University Press, 1991.

Ross, Andrew, *Strange Weather. Culture, Science and Technology in the Age of Limits*, London, Verso, 1991.

- *No Respect. Intellectuals & Popular Culture*, London and New York, Routledge, 1989.

Ryan, Michael, *Politics and Culture. Working Hypotheses for a Post-Revolutionary Society*, London, Macmillan, 1989.

Said, Edward, *Culture and Imperialism*, New York, Knopf, 1993.

Sennett, Richard, *The Conscience of the Eye*, New York, Alfred A. Knopf, 1991.

- *La autoridad*, Madrid, Alianza, 1980.

- *Vida urbana e identidad personal*, Barcelona, Península, 1975.

– *El declive del hombre público*, Barcelona, Península, 1979.

Shapiro, Michael, *The Politics of Representing*, Madison, University of Wisconsin Press, 1988.

Showalter, Elaine, *Sexual Anarchy. Gender and Culture at the Fin de Siècle*, New York, Viking Penguin, 1990.

Sloterdijk, Peter, *Crítica de la razón cínica*, Madrid, Taurus, 1989.

Sobrino, Jon, entrevistado por Fernando Orgambides. *El País*, 14 de noviembre de 1992, "Babelia".

Steiner, George, *Presencias reales. ¿Hay algo en lo que decimos?*, Barcelona, Destino, 1992.

Taylor, John, *El circo de la ambición. La cultura del dinero y del poder*, Barcelona, Anagrama, 1990.

Taylor, Philip M., *War and the Media. Propaganda and Persuasion in the Gulf War*, Manchester, Manchester University Press, 1992.

Tenzer, Nicolas, *La sociedad despolitizada. Ensayo sobre los fundamentos de la política*, Barcelona, Paidós, 1992 (1990).

Toffler, Alvin, *Powershift*, New York, Bantam Books, 1990.

– *La tercera ola*, Barcelona, Plaza y Janés, 1984.

Tomlinson, Alan, *Consumption, Identity and Style*, London and New York, Routledge, 1990.

Touraine, Alain, *Return of the Actor: A Social Theory in Postindustrial Society*, Minneapolis, University of Minnesota Press, 1988.

– *La sociedad postindustrial*, Barcelona, Ariel, 1973.

Tucker, Robert B., *Managing the Future*, New York, Putnam, 1991.

Ulmer, Gregory L., *Teletheory. Grammatology in the Age of Video*, London and New York, Routledge, 1989.

Umbral, Francisco, *La década roja*, Barcelona, Planeta, 1993.

Verdú, Vicente (ed.), *Nuevos amores, nuevas familias*, Barcelona, Tusquets, 1993.

VV.AA., *Endgame. Reference and Simulation in Recent Painting and Sculpture*, ICA, Boston, 1986.

Wiener, Jon, *Culture Wars. Intellectuals, Politics and Pop*, London, Verso, 1992.

Williamson, Judith, *Consuming Passions. The Dynamics of Popular Culture*, London and New York, Marion Boyars, 1990.